JN313889

できる組織を作る!

行動科学マネジメント

成功の法則

行動科学マネジメント研究所 所長
行動科学マネジメント・認定講座　理事
石田 淳 監修
Jun Ishida

TAC出版

はじめに

私が、行動科学マネジメントに着目したのは、自社のマネジメントに失敗したことがきっかけでした。

会社が急成長を遂げ、まとまった数の新人を採用したまではよかったのですが、彼らを十分に活用するマネジメントができませんでした。

そんなときに出会ったのが、この理論。

行動に焦点を当てるという明確な理論に触れ、目からうろこが落ちる思いがしたものでした。期待以上の効果をもたらしてくれました。

特に日本型の手法を併用したことで、社員の企業活動やチームワークを高めるのに非常に役立ちました。米国の理論の基本を踏まえつつ、同時に日本向けの手法を実践することで、わが社のマネジメントは日本一のレベルに達したと自負しています。

一般的なマネジメント手法においては、結果だけを見て判断する傾向にあります。

結果は行動の連続によって生まれるものですから、結果を変えるためには、そこに至る行動を変えなければなりません。

行動科学マネジメントは、結果だけでなく、結果を生むプロセス、すなわち行動に目を向けます。行動を分析し、結果に直結するピンポイントとなる行動を見つけて重点的に繰り返します。その効果を測定し、自発的に繰り返すようにリインフォース（強化）し、測定した行動数値をフィードバックして実行率を維持します。人間の行動原理に基づいた理想的なメソッドであることがわかります。

従来のマネジメント手法になかった「行動に焦点を当て効果を測定できる」という考え方が、いかなる人に対しても成長と継続をもたらせます。また、ビジネスの分野での人材マネジメントだけでなく教育現場や一般家庭においても応用できます。

特別な知識や技術は必要ありません。できる・できないは、個人の能力の差ではありません。いつ・どこで・だれが実践しても同じ効果が得られます。それは、このメソッドが科学そのものであるからです。

人間のあらゆる行動を変え、望ましい結果を得られる驚異のマネジメント手法です。

石田　淳

CONTENTS

第三章 パフォーマンス向上のための5ステップ

第四章 部下育成の設計図を作る

イラスト……藤井昌子
編　集……喜名景一朗
デザイン……NANA企画

序章

行動科学マネジメントとは何か

行動科学マネジメントは、人間の行動を対象にしたマネジメント法です。なぜ行動科学がビジネスに有効なのか、成果主義との違いはどこなのかを見ていきましょう。

1

「行動を基準に物事を見る」学問を基にしたマネジメント

組織の活性化には行動分析が有効

既存のマネジメントとの違いは、どのような点にあるのだろうか。行動科学マネジメントとはどのようなマネジメントの方法なのだろうか。また

行動科学マネジメントは、人間の行動を科学的に研究する、**行動分析という学問から生まれたマネジメント**です。今現在の**「行動」**をしているのはなぜか、それを変化させるにはどうすればいいのか、ということをテーマにしたマネジメントです。

現在、日本の多くの企業が行っているマネジメントは成果主義の名の下、結果のみに焦点を合わせた手法です。売上を上げたことに対する評価はしても、その過程でとった行動に対して評価をするシステムがないのです。成果主義を表面的にとり入れるだけでは、上位二割の人だけが成績を上げ、残りの人たちはやる気を失ってパフォーマンスレベルを下げてしまいます。二割だけがいくら成績を上げたとしても、残りの八割が力を発揮しなければ、組織としての生産性は上がりません。**行動科学マネジメン**

◀成果主義と行動分析の違い▶

行動分析	成果主義
結果と行動の両方を評価	結果のみを評価
↓	↓
・下位八割のパフォーマンスを底上げする ・上位二割も成績を上げる	・さらに上位二割だけが成績を上げる ・下位八割の行動自発率を下げる
↓	↓
組織全体の生産性を向上させる	**組織全体の生産性は上がらない**

トは、この残り八割の人たちのパフォーマンスを底上げすることを一つの目的としています。

結果のみではいけないのと同様に、行動のみを評価するのも成果につながりません。結果はもちろん、結果を導いた行動も評価することによって、望ましい行動を社員は自発的に繰り返すようになります。**行動分析によって、結果と行動の両方にフォーカスしてこそ、全社員のパフォーマンスレベルが向上し、組織を活性化させることができる**のです。

P 結果と行動の両方を評価する

成果だけでなくそれを導いた行動を評価することで組織全体のパフォーマンスが上がる。

行動科学マネジメントの特長

2 行動分析のメリット

行動分析をベースとしたマネジメントは、他のマネジメント法と比較してどのような点に違いがあるのだろう?

行動分析をベースとしたマネジメントには、他にはないメリットが多くあります。

①実用的な実証のある理論である

「望ましい行動を増やし、望ましくない行動を減らす」というシンプルで実用性の高いマネジメントの手法です。抽象的な理論ではありません。その成果はさまざまな業種・企業規模で実証済みであり、データによって科学的に証明されています。

②即効性の高さ

成果は言えば上がるものではありません。行動科学マネジメントは、成果の手前の望ましい行動を示し、行動回数を増やすことで着実に生産性を上げるのです。行動に評価の焦点を合わせ、結果の良し悪しに対する原因を明確にすることもできます。

行動分析のメリット

1 実用的で実証されている
「行動を増やすか減らすか」という実用的な理論であり、成果も実証されている。

2 即効性が高い
導入後すぐに成果が上がる。なぜ上がったかが、第三者の観測によって明確にわかる。

3 汎用性が高い
人間の行動を対象にした理論であるため、誰に対しても適用できる。

③汎用性の高さ

行動に焦点を合わせている理論のため、それがどんな場所や状況でも適用できます。規模や人数も問いません。あらゆるビジネスのパフォーマンスを最大限に高めることができます。

その他、**オープンなシステムであること、心や精神に対する知識を必要としないこと、コミュニティの関係を高めること**、など多くのメリットがあります。

実用性、即効性、汎用性に優れたメソッドである

実用的な理論であり、すぐに成果を得ることができ、どのような業種にも適用できる。

3

対象となる「行動」を定義する

MORSの法則

行動分析が焦点を合わせている「行動」とは、何を指すのだろうか。「行動」の定義とは何だろう?

行動分析にとって唯一の対象となるのは**「行動」**です。しかし、「行動」を正しく定義せずに間違った対象に働きかけていては、行動分析も機能しません。行動分析における行動の定義として、**MORSの法則**と呼ばれるものがあります。これによって行動は次の4つの条件で定義することができます。

①測定できる（Measured）

「測定できる」とは、数値化し測定が可能であることです。例えば、「顧客とのコミュニケーションを図る」ではなく、「1日10件の電話をかける」のが行動です。

②観察できる（Observable）

「観察できる」とは、特定の行動をとっているかどうか、誰が見てもわかるということです。第三者が観測できなくてはなりません。

③信頼できる（Reliable）

「信頼できる」とは、三者三様の三人が、同じ行動をとっていると定義づけられる行為であることが重要です。

④明確化されている（Specific）

「明確化されている」とは、誰が何をどうするかが明確にされていることです。

「行動」は具体的でなくてはいけません。数値化し、測定が可能で、誰が見ても同じ行動であると認識できる客観性を持ったものが「行動」なのです。

行動の条件となるのは、測定・観察・信頼・明確化

行動とは、測定・観察が可能で、客観性があり、対象や行為が明確化されていること。

4

こちらの望む行動ができない理由は二つ

部下が仕事ができないのはなぜか

なぜ仕事ができないのか？　部下が仕事をしない理由、できない理由にはどのようなものがあるのだろうか？

上司が、仕事ができない部下に抱く不満というのは、いくつもあるように思えますが、要するにこちらの望んだ行動ができていないということです。

一般に「二割八割の法則」で言われるように、組織は二割の仕事ができるトップ社員と、それ以外の仕事ができない八割の社員で構成されています。その八割は、六割の平均的社員、残り二割の平均以下の社員という構図です。

なぜ八割の社員は、仕事ができないのか。その理由は二つしかありません。

①やり方がわからない

八割の「できない」社員のうちの、**平均以下の二割は「やり方がわからない」**ために仕事ができません。指示したことをすぐに実行に移さない、同じ過ちを何度も繰り返す、というのは、その社員が仕事の「やり方がわからない」ためです。

②やり方はわかっているが継続できない

六割の平均的な社員は「やり方はわかっていても継続できない」ためにパフォーマンスが低い社員です。一度は実行するが続かない、苦手な仕事はやろうとしない、というのは、「やり方はわかっていても継続できない」という理由によるものです。

部下ができない理由は、個人の能力の問題ではありません。**二つの理由をとり除いてやることができれば、部下は仕事ができるようになる**のです。この二つが、部下に仕事をさせるために必要なことであり、上司の仕事なのです。

部下が仕事ができない理由はたった二つしかない

仕事の「やり方がわからない」か、「やり方はわかっていても継続できない」のどちらか。

5

あなたのチーム・部署・会社はどこまで伸びるか？

改善による最大値を知るＰＩＰ分析

仕事ができない部下のパフォーマンスが改善されれば、組織全体での生産性はどのくらい向上するのだろうか？

仕事のやり方がわからない部下に、そのやり方を教え、継続できない部下に望ましい行動を継続させることができれば、組織としての生産性は飛躍的に高まります。行動科学マネジメントは、部下の自発的行動を増やすことができるからです。

では、今と同じ人員、同じコストでどれだけ売上を伸ばすことができるのでしょうか。それを簡単に知ることができる公式があります。

●ＰＩＰ＝Ｗｅ／Ｗｔ

これは、**ＰＩＰ分析**と呼ばれるもので、**パフォーマンス改善のポテンシャルを求める公式**です。Ｗｅはトップの営業マンの売上を示し、Ｗｔはアベレージの営業マンの売上を示しています。ＰＩＰが、パフォーマンス改善のポテンシャルです。

◀ PIP分析の公式 ▶

ポテンシャルは・・・

$$2\text{倍} = \frac{10{,}000{,}000\text{円}\ (We)}{5{,}000{,}000\text{円}\ (Wt)}$$

PIP……パフォーマンス改善のポテンシャル

We……トップ社員の売上

Wt……アベレージ社員の売上

トップの営業マンが一千万の売上を上げ、アベレージの営業マンが五〇〇万の売上を上げるのであれば、パフォーマンスポテンシャルは2です。**つまり、アベレージの営業マンの売上をトップの営業マンと同じ成績にまで引き上げることができれば、売上は二倍になる**ということです。

　そのために最も効果的なのが行動科学マネジメントです。トップの人の行動から、トップ以外の人たちのパフォーマンスを改善に導く理論であるためです。

トップ社員÷アベレージ社員＝組織のポテンシャル

同じ人員、コストでのパフォーマンスのポテンシャルを公式で割り出すことができる。

6

行動科学マネジメントを実践する

「できない」八割を底上げする

行動分析に基づいたマネジメントをビジネスシーンに用いて、組織全体のパフォーマンスを向上させる。

組織とは業績を上げるための集団です。ＰＩＰ分析でもわかるように、組織の生産性は現在の人員・コストのまま改善することができます。**組織の中の二割のトップ社員の成績をさらに伸ばすことよりも、八割の仕事ができない社員を底上げする方が、組織全体の生産性を高める**ことになります。

そのためには、仕事ができない八割の部下に望ましい行動をさせ、それを継続させなければなりません。行動分析によるマネジメントは、ビジネスに直結する行動に焦点を合わせ、**部下の行動を改善し、組織の生産性を高めるために有効なメソッド**です。

仕事の「やり方がわからない」とは、どんな行動をとればいいのかがわからないということです。「やり方がわからない」部下に対してとるべき行動を教えるとき、**行**

動科学マネジメント独自のチェックリストを用いて身につけさせます。

望ましい行動がとれるようになったら、次はそれを継続させなければいけません。行動科学マネジメントによって、部下が身につけた行動を継続させ、教えた知識や技術を状況に応じて使いこなせるようにさせます。

部下が仕事ができない二つの理由を、行動科学マネジメントによってとり除いてやれば、平均以下だった二割の社員を平均レベルまで引き上げ、六割の平均的社員をトップのレベルまで引き上げることができます。

以下の章では、行動分析によるマネジメントを実際にビジネスの現場でどのように活用していくかを解説していきます。

できない社員のレベルアップが組織の生産性を上げる

二割の平均以下の社員を平均レベルに、六割の平均的社員をトップレベルに引き上げる。

序章　まとめ！

●行動科学マネジメントは、結果と行動の両方を評価する

●行動科学マネジメントは、実用性・即効性・汎用性に優れたメソッドである

●「行動」は具体的でなくてはならない

●仕事ができない理由は二つしかない。「やり方がわからない」か「継続できない」のどちらか

●人員・コストは変えずに生産性は上げられる

第一章

「やり方がわからない」部下をマネジメント

「やり方がわからない」という理由で仕事ができない部下を、平均レベルまで引き上げることは難しいことではありません。行動科学マネジメント独自の手法を用いて、的確な行動を身につけさせます。

7

「結果」を指示してもできない

部下に望む「行動」を教える

「やり方がわからない」ために仕事ができない部下には、どのようにして指示を与えればいいのだろうか？

ビジネスは行動の連続です。社員一人ひとりの行動が積み重なって成果となるのです。行動を変えれば、自ずと結果は変わってきます。

上司が、売上を伸ばしたいと考えたときに、部下に「売上を伸ばせ」と指示してもあまり意味をなしません。「売上を伸ばす」ことは、**MORSの法則に従えば行動ではなく、行動から導かれる結果**なのです。結果を指示しても、部下は具体的に何をすべきかがわかりません。上司と部下の間には、往々にして**情報の格差**が存在します。これだけを言えばわかるだろう、というのは上司の側の思い込みにしか過ぎず、部下には伝わっていないことの方が圧倒的に多いのです。

その結果、部下は具体的に何をすればいいのかがわからず、こちらの望む行動とは

◀指示の違いによる部下の行動▶

成果を上げられる指示	成果が上がらない指示
上司が、結果に直結する行動を把握している	上司が結果だけを見て、行動は見ていない
▼	▼
具体的な行動を指示「電話を1日50件かけろ」	結果を指示「売上を20%上げろ」
▼	▼
部下が理解し行動する **確実に成果が上がる**	やるべきことがわからない **成果を上げられない**

別の行動をとってしまいます。ときには望ましい行動をとることもあるかもしれませんが、それが正しい行動であることに本人が気づかなければ、その後も同じ行動をとるとはかぎりません。それでは、成果を上げられないのです。

大切なことは結果を指示するのではなく、結果につながる行動を上司が指示することです。そのためには上司の方で、望ましい結果を得るために必要な行動を把握する必要があります。

結果ではなく「行動」を指示する

結果に直結する行動を上司が見つけ、具体的に行動を指示することが重要。

8

とるべき行動を的確に教えるために

重要な行動を細かく分解する

「やり方がわからない」部下にやるべきことを教えたいが、何をどう教えるべきなのだろうか。

仕事の「やり方がわからない」ために仕事ができない部下には、**とるべき行動を教えることで、できる部下に変えてあげる**ことができます。

とるべき行動を教える際には、行動科学マネジメント独自の方法を使います。

まず「やり方がわからない」部下に教えるべき行動を割り出さなくてはいけません。その行動は、組織の中のできる部下の行動から見つけることができます。上司は、**成績の良い部下を観察**し、核となる行動を割り出します。その**行動を細かく分解**して**チェックリストを作成**し、成績の悪い部下に渡して**反復トレーニング**をさせます。

できる人の行動を分解することで、必要な行動を把握でき、それをチェックリストで反復させることで、確実に身につけさせることができるのです。とりあげる行動は、

◀ 必要な行動を身につけさせる ▶

❶できる人の行動を観察

・上司が、成績の良い部下の行動を細かく観察する。

⬇

❷できる人の行動を細かく分解

・行動を分解し、結果に結びつく行動を見つける。

⬇

❸チェックリストを作成

・必要な行動を書き込んでチェックリストを作成する。

⬇

❹反復トレーニング

・チェックリストに沿った行動を繰り返させる。

成果に結びつく重要なものだけです。三つ～五つ程度でいいでしょう。すべての行動を分解して管理しようとするとマイクロマネジメント（微細管理）になってしまい、部下のやる気をなくさせてしまいます。ただし、**とり上げた重要な行動は、誰が見てもわかるように細かく分解して教える**必要があります。

こうして「やり方がわからない」ために仕事ができなかった人に、とるべき行動を的確に教えることで、できる人に変えられるのです。

行動の数ではなく、誰が見てもわかる分解の細かさが重要

いくつかの重要な行動だけを抽出し、誰が見てもわかるように細かく分解して教える。

9

結果に直結する行動に焦点を合わせて改善する

チェックリストの効果

部下の行動を改善するために、なぜチェックリストは効果的なのだろうか。マニュアルとの違いはどこにあるのだろうか。

チェックリストは、ビジネスにおいての「行動」を具体的に文書化したもので、**結果に直結する行動を反復トレーニングさせるためのもの**です。行動のやり方がわからないために仕事ができない社員に、必要な行動を具体的に教えるための、行動科学マネジメントには欠かすことのできないツールです。

チェックリストでは、具体的な行動を細分化していくため、一般的なマニュアルに比べて**行動を指示する精度が高い**のが特長です。一般的なマニュアルを細分化して細かな指示を与えると、膨大な量の文書になりがちです。しかし行動科学マネジメントのチェックリストは、具体的な行動に焦点を合わせているため、業務の核となる行動を効果的に改善でき、マイクロマネジメントに陥ることもありません。

◀ マニュアルとチェックリストの違い ▶

一般的なマニュアル
・誰が見てもわかるような作りになっていない。マニュアルを見ても行動に移せない場合が多い。
・最初に見ることが前提となっていて、繰り返し使うためにはできていない。
良くできたマニュアル
・詳細まで指示してあるのはいいが、膨大な量の文書になる。
・核となる行動の指示と、そうでない行動の指示に差がなく、マイクロマネジメントに陥ってしまう。
チェックリスト
・必要な行動に対して詳細な指示を与えることができる。
・業務の核となる行動を効果的に改善することができる。
・繰り返し使えるため、弱点を明らかにして繰り返しトレーニングすることができる。

チェックリストには、二つのチェック欄を設けてあり、本人と第三者の両方の目から、不足している行動を明らかにすることができます。また、繰り返し使うことを想定しているため、明らかになった弱点は、重点的に反復トレーニングすることが可能です。

一般的なマニュアルとは違い、チェックリストを使ったトレーニングは、不足している必要な行動のみを徹底的に繰り返すため、結果につながる行動を効果的に身につけることができるのです。

チェックリストは必要な行動だけを徹底的にトレーニングする

結果に直結する行動に焦点を合わせるため、核となる行動を効果的にトレーニングできる。

10

チェックリスト　実行ステップ❶

業務の流れを大まかに分解する

チェックリストはどのようにして作るのか？　また実際に作るとき、注意するのはどんなことだろう？

ここからは、チェックリストの作り方を具体的に説明していきます。部下に仕事を教えるとき、行動科学マネジメントではチェックリストを使います。**仕事ができる部下の行動を、他の人がお手本とすれば、組織全体として望む結果を得ることができる**ためです。しかし、できる部下の行動すべてをとり上げる必要はありません。すべての行動を管理するマイクロマネジメントに陥って部下のやる気をなくさせないように、結果につながる重要な行動だけをリストにします。

第一段階では、業務の流れの中の行動を大まかに分解することから始めます。

まず、10㎝四方の大きめの付箋を用意します。その付箋に、業務の流れを大まかに書き出します。一連の流れを最初は五つ程度に分解します。営業職であれば、「取引

◀業務を大まかに分解する▶

1 取引先に電話でアポをとる

2 面会する

3 商品の説明をする

業務ごとに分解する

4 クロージングをかける

5 アフターフォロー

先に電話でアポをとる」「面会する」「商品の説明をする」などの大まかな分解でかまいません。
　徐々に細かな行動へと分解していきますが、最初の大まかな分解をしている時点から、重要な行動と重要でない行動を見極めていく必要があります。大切なことは、重要だと思う行動だけをとり上げて分解していくことです。上司と優秀な部下が対話をして、重要な行動をとり出していくことも有効です。重要な行動とは、結果に結びつく行動のことです。

業務の流れを五つ程度に分解する

大まかな分解の時点で、上司が重要だと思う行動を見極めて分解していく。

11

チェックリスト　実行ステップ❷

パフォーマンスマップを作る

実行ステップ1で大まかに分解した業務を次は行動単位に分解する。まずは大きな塊に、次第に細かく分解していく。

ステップ1で業務を大まかに分解したら、その中から一つをとり上げ、その業務を行動単位で分解していきます。一つの付箋に書かれた業務を、行動単位で分解して別の付箋に書き出していきます。「取引先に電話でアポをとる」という業務は、

「電話の相手に会社名と名前を告げて、担当者につないでもらう」
「担当者に再び会社名と名前を名乗り、挨拶をする」
「用件を伝える」
「面会を申し込む」
「礼を言って電話を切る」

などと分解することができます。さらに細かく分解することもできますが、ステップ

業務を行動単位に分解する

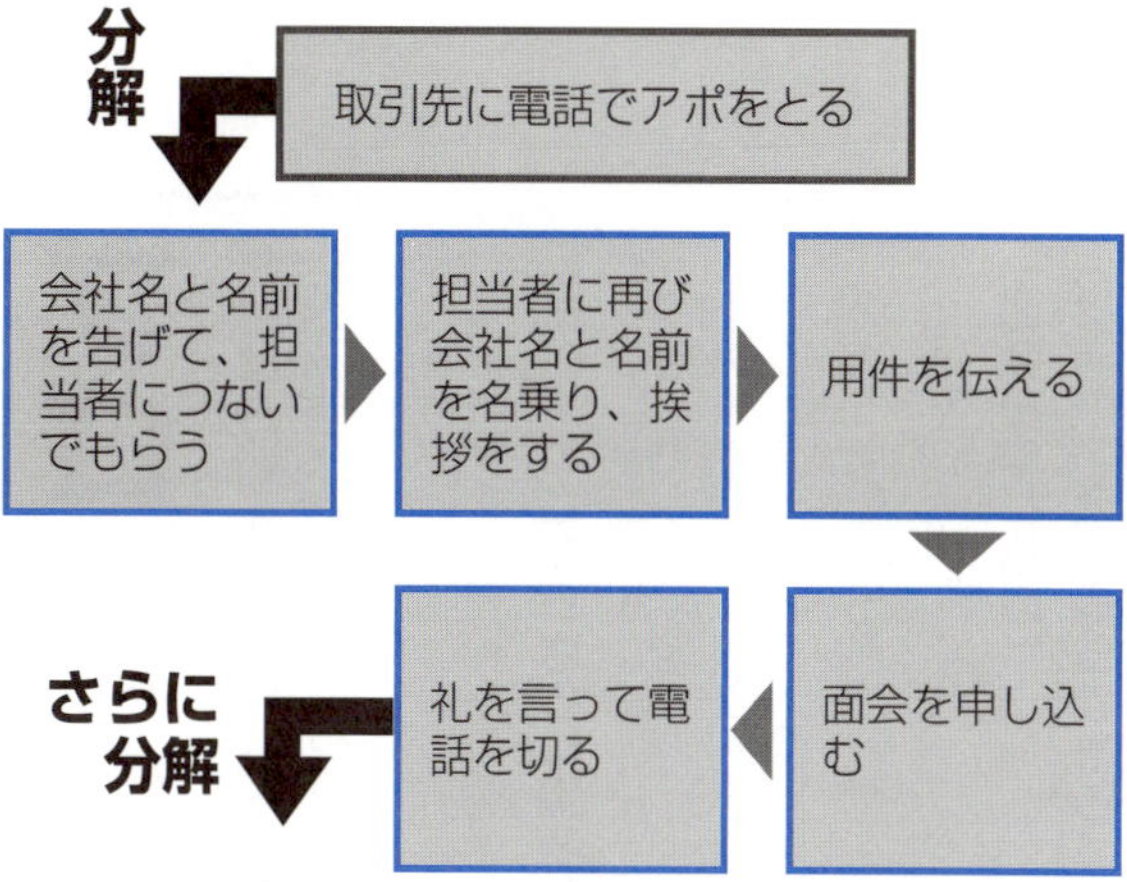
分解
取引先に電話でアポをとる
会社名と名前を告げて、担当者につないでもらう
担当者に再び会社名と名前を名乗り、挨拶をする
用件を伝える
面会を申し込む
礼を言って電話を切る
さらに分解

2ではこれくらいでかまいません。同じように他の業務も行動単位に分解し、付箋に書き出して重要行動をとり出します。この作業を繰り返して、**業務の一連の流れを行動単位に分解する**ことができます。この中から、重要な行動のみをとり出してステップ3でさらに分解していきます。

このときも注意するのは、やはり重要な行動のみを分解するということで、例えば「受話器をとる」などといった行動は書き出す必要はありません。

一つの業務をさらに五つ程度の行動に分解する

業務を行動単位に分解することで、やるべきことを明確にすることができる。

12

チェックリスト　実行ステップ❸

プロセスシートを作る

重要な行動を中心に分解していく中で、どの程度まで分解し、具体的な行動にする必要があるのだろうか？

ステップ2で業務を行動単位に分解したら、ステップ3ではそれらの**行動を時系列に並べ、ここからさらに重要な行動をとり出して細かく分解**していきます。時系列に並べたときに、特に重要な行動や、部下が苦手としそうな行動があれば、それを新たな付箋に書き出してさらに細かく分解していきます。これが**プロセスシート**です。

プロセスシートでは、目に見える行動を中心に書き出していきます。ただし、ステップ2までに書き出した行動をさらに細かく、より具体的に書き出します。例えば電話で「面会のアポをとりつける」という行動は、

「面会を申し込む」

「相手の了承が得られたら、先約などの都合を聞く」

つまずきそうな行動を細かく分解

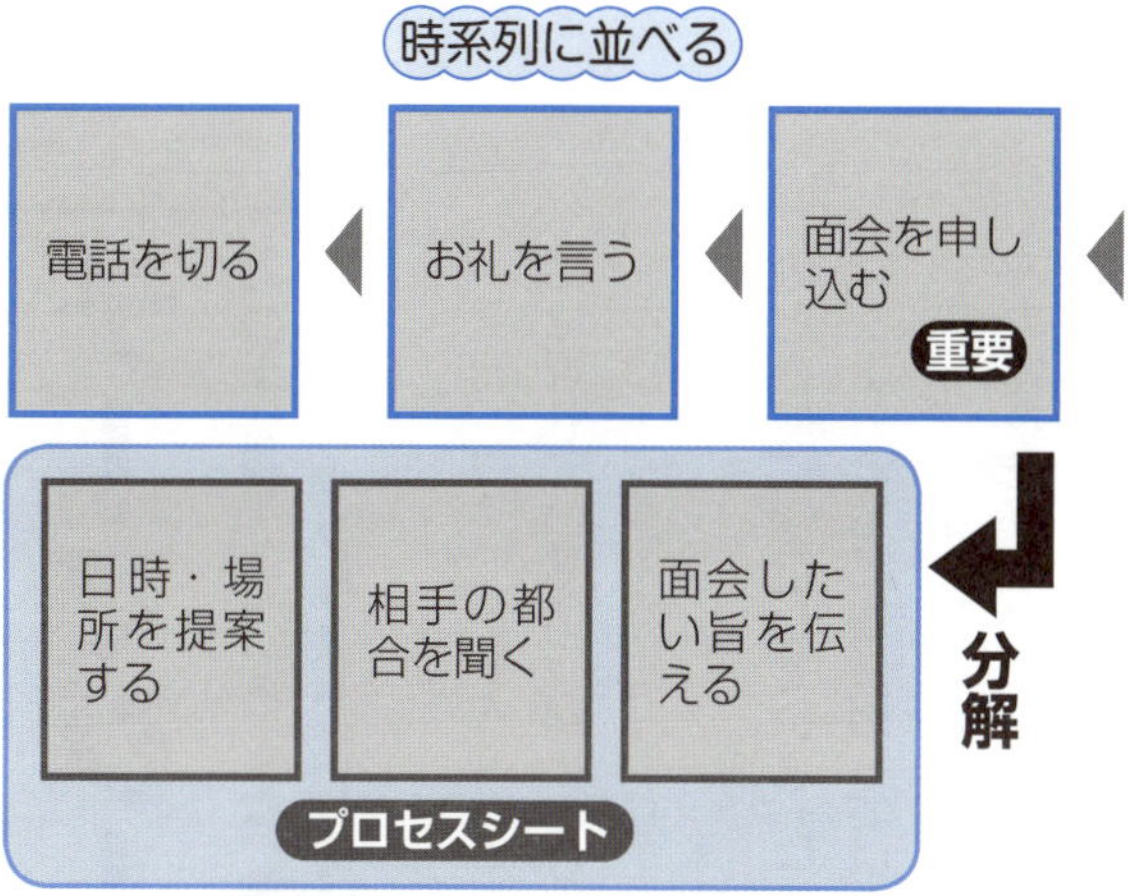
時系列に並べる
面会を申し込む
重要
お礼を言う
電話を切る
分解
面会したい旨を伝える
相手の都合を聞く
日時・場所を提案する
プロセスシート

「日時・場所などを提案する」
「最後に日時・場所を復唱して確認する」

などという行動に分解できます。電話から面会までの時間はどの程度あったほうがいいのか、というところまで分解します。早い方がいいのか、二、三日の準備期間があったほうがいいのか、つまずきそうな部分は、より具体的に書き出します。

　チームとしての業務がある場合には、チーム全体での行動を分解していきます。

つまずきそうな部分はより具体的な行動に分解する

部下が特につまずきそうな部分をプロセスシートで、細かく具体的な行動に分解する。

13

チェックリスト　実行ステップ❹－1

テーマシートと深掘りシート

心の中で考えていること、意識していることなど、目に見えない行動は、どのようにチェックリストにしていけばいいのか？

ステップ3で行動を細かく分解してプロセスシートを作ったら、次は**一見すると表には現れていない行動をとり出す作業**に入ります。

クリエイターなど、職種によっては目に見えない部分の行動が、重要な要素となることは多くあります。営業職でも一見して表に現れない行動というのはあります。**「そのとき何に注目しているか」「何を考えているのか」など目に見えない行動は、テーマシートとして書き出していきます。**

テーマシートに書き出す行動は、その人が胸の内で考えていることなので、自分がその仕事をするときに、どのようなことを考えているのかを思い返して、一つひとつ付箋に書き出していきます。普段行っていることを意識的に掘り起こして、細かく具

目に見えない行動も分解する

取引相手の購買決定者の特徴を考える

分解 ←

購買決定者の年齢・性別・性格を確認する

テーマシート

目に見えない行動、考えていることなどを思い返して書き出す。

深掘りシート

テーマシートの中から、さらに掘り下げるべき行動を分解して書き出す。

体的に書き出していきます。例えば、営業マンがクロージングをする場合、何を考えているのか。クロージングのタイミングか、押しの強さか、購買決定者の特徴なのか、といったことです。

その中でも**重要だと思えるもの、深く掘り下げるべきことは深掘りテーマとして、新たに別の付箋で深掘りシートを作成**し、一つひとつさらに掘り下げていきます。深掘りシートも、具体的な行動となるように、書き出していきましょう。

目に見えない行動はテーマシート
さらに重要な行動は深掘りシート

どこに注目しているのか、など胸の内で考えることを思い出して書き出す。

本人チェック			管理者チェック		
日付	日付	日付	日付	日付	日付
／	／	／	／	／	／

顧客との面会の手順チェックリスト

	項　目
1	取引先に入る直前に、鏡を見る
2	スーツのボタンを留める
3	ネクタイの結び目がゆるんでいたり、ネクタイが曲がっていないかを確認し、きちんと整える
4	名刺をすぐに出せるところに準備しておく
5	受付で名前と会社名を名乗る
6	取引先担当者の名前を伝えとり次いでもらう
7	担当者が来たら挨拶をする（声のトーン上げて明るく）
8	面会の機会をもらったことの礼を言う
9	初対面の相手がいた場合は、名刺をとり出す
10	社名・部署名・名前を名乗りながら名刺を両手で渡す
11	相手の名刺を受けとる際は「頂戴いたします」と言う
12	座るよう勧められたら「失礼します」と言って相手が座ったのを確認して座る
13	受けとった名刺は名刺入れの上に置き、テーブルの上に置く
14	カバンから手帳・必要書類・商品のカタログを出して机の上に置く

14

チェックリスト　実行ステップ❹－2

文言を具体的にする

チェックリストの文言はなぜ具体的でなくてはならないのか？　具体的であることのメリットは何だろう？

チェックリストのポイントは、その文言にあります。38ページのチェックリストのサンプルは、セールスパーソンが、顧客と面会する手順を示したものです。

手順4にある項目が、「名刺を準備する」ではなく「名刺をすぐに出せるところに準備しておく」と書かれていることに注目してください。初対面の相手と会ったとき、セールスパーソンはすぐに名刺を出さなくてはなりません。例えアポをとった相手とは初対面ではなくても、別の担当者を紹介される可能性があります。名刺を準備するというのは、名刺を持っていることではなく、スーツのポケットなどすぐにとり出せる場所に入れておくことです。

何のための行動なのか、目的を理解させることが大切です。チェックリストを見た

なぜ文言を具体的にするのか

とるべき行動を確実に理解させる
チェックリストは行動の「やり方」を教えるもの。誰が見てもとるべき行動がすぐにわかるものでなくてはならない。
行動の目的を理解させる
具体的に書くことで、行動の持つ意味が理解しやすくなる。その行動が必要な理由がわかれば、身につきやすい。
第三者が測定できるようにする
とるべき行動をとったかどうか、第三者が確実に測定できなければならない。曖昧な文言では測定できない。

ときに、その行動の目的を理解できなければいけません。具体的に書くことで、目的を理解させることができます。また、「やり方がわからない」部下に仕事のやり方を教えるために作っているので、**具体的な「やり方」を誰が見てもわかるようにするのは、チェックリスト本来の目的でもある**のです。

第三者が測定できる、という点も重要です。各チェック項目は、客観的に測定可能なものでなくてはいけません。曖昧な文言ではチェック機能は働きません。

具体的な言葉・表現で書くと行動の目的がわかる

文言を具体的にすることで、行動の目的や仕事のやり方が明確になり、測定可能になる。

15

チェックリスト　実行ステップ❺

部下に反復トレーニングさせる

作成したチェックリストはどのように運用していけばいいのだろうか？　また、どのような成果を得ることができるだろうか？

チェックリストを作成したら、それを組織に所属する全員に配布し、トレーニングします。チェックリストは繰り返し使えるようにできていますから、日付を書き込んで日報などと同じように、**毎日チェックしながらトレーニング**します。

達成できた項目には、本人のチェックと上司などの第三者からのチェックが入ります。常に両者が達成できたと思えるようになれば、その行動が身についたということです。逆に、チェックが入らない項目があれば、その部下の苦手としている行動だということになります。**苦手な項目が明らかになったら、その行動をさらに分解できないか検討して、重点的にトレーニング**させるといいでしょう。

これを継続していくと、すべての社員がチェックリストのお手本となったトップの

チェックリストを使った反復トレーニング

Check ❶
「やり方」を覚える
毎日チェックして反復することで、わからなかった仕事の「やり方」がわかるようになる。

Check ❷
苦手が明らかになる
本人と上司の両方のチェックが入らない項目が、苦手だということが判明する。

Check ❸
苦手を重点的に鍛える
苦手な行動は可能であればさらに分解し、重点的に反復トレーニングを繰り返す。

Check ❹
必要な行動が身につく
結果を得るために必要な行動が身につき、成果が出せるようになる。

成績を上げてきた社員に近づくことになります。これは**組織全体の生産性がアップする**ということを意味します。チェックリストによる反復トレーニングで、業績がアップすることは、数多くの企業からの報告により実証されています。

部下が仕事ができない二つの理由である「やり方がわからない」と「継続できない」のうちの一つが、このチェックリストを使った反復トレーニングによって完全にクリアされます。

Ⓟ 苦手が明らかになったら、そこを重点的にトレーニングする

チェックリストで反復することによって苦手を明らかにし、重点的にトレーニングする。

第一章　まとめ！

●結果につながる具体的な「行動」を指示する

●できる人の行動を分解してチェックリストにする

●チェックリストで必要な行動を徹底して反復する

●チェックリストは具体的な言葉で表現する

<チェックリストの作り方>

●業務の流れを大まかに分解する

●一つの業務を3～5個程度の「行動」に分解する

●つまずきそうな部分はさらに細かく分解する

●目に見えない行動はテーマシートに書き出す

●重要なテーマは深堀りシートで掘り下げる

第二章

「継続できない」部下をマネジメント

組織の中で最も多いのは、仕事の「やり方はわかっていても継続できない」というタイプの社員です。望ましい行動を継続させるために、その行動を繰り返させる方法を紹介します。

16

部下の自発的な行動を促すマネジメント

「継続できない」部下の底上げ

できる社員とできない社員の差は何だろう？　「継続できない」部下をできる社員にするためには何が必要なのだろう？

部下が仕事ができない二つ目の理由は、やり方はわかっていても継続して行動できない、というものです。多くの部下は、自分がやりたくない仕事に自発的にとり組もうとしない、とり組ませても続かない、上司に監視されている間はとり組んでも一人になるとやらなくなってしまう、という問題を抱えています。

行動科学マネジメントの一番の効果は、**この「継続できない」部下を継続できるようにすること**にあります。部下に、自発的に行動させるためのマネジメントです。

企業としては、二割のハイパフォーマーである社員をさらに伸ばすことも大事ですが、残りのローパフォーマーの底上げを図る方が、生産性ははるかに高くなります。特に組織の六割を占める平均的社員のパフォーマンスをハイパフォーマーのレベルま

◀ローパフォーマーをハイパフォーマーに▶

で高めることができれば、組織全体のパフォーマンスは飛躍的にアップします。

できる社員と、できない社員の大きな違いは、「自発的な意欲」の差によって生まれています。行動科学マネジメントを用いることで、ローパフォーマーの自発的意欲を高めることができます。また、同時にトップの二割の社員のパフォーマンスをさらに引き上げる効果もあります。この章では、部下の自発的意欲を高める方法を紹介していきます。

平均的社員の底上げが組織の生産性を大幅に高める

全体の六割を占める平均的社員の自発的な意欲を高めることで、組織の生産性を高める。

17

行動を繰り返させるための行為

リインフォースの仕組み

部下に行動を継続してとらせるようにしたいが、どうすれば望ましい行動を継続させることができるだろうか？

部下の行動を管理するために上司がすることは、「望ましい行動を増やす」か「望ましくない行動を減らす」のどちらかしかありません。

行動を増やす手順を**リインフォース（強化）**と呼びます。リインフォースは必ず行動の後に与えられ、行動を強化する働きをします。望ましい行動の後にリインフォースすることで、その行動は強化され、繰り返されます。**リインフォースには、何かを与えて行動を増やす積極的リインフォースと、自分にとって望ましくない結果を回避することで行動を増やす、消極的リインフォースの二種類があります。**

行動を減らすためには、罰やペナルティを用います。また、部下の行動の後に何もせずに放っておくと、その行動はいずれなくなります。これは「行動の消去」です。

◀ **結果の種類とその影響** ▶

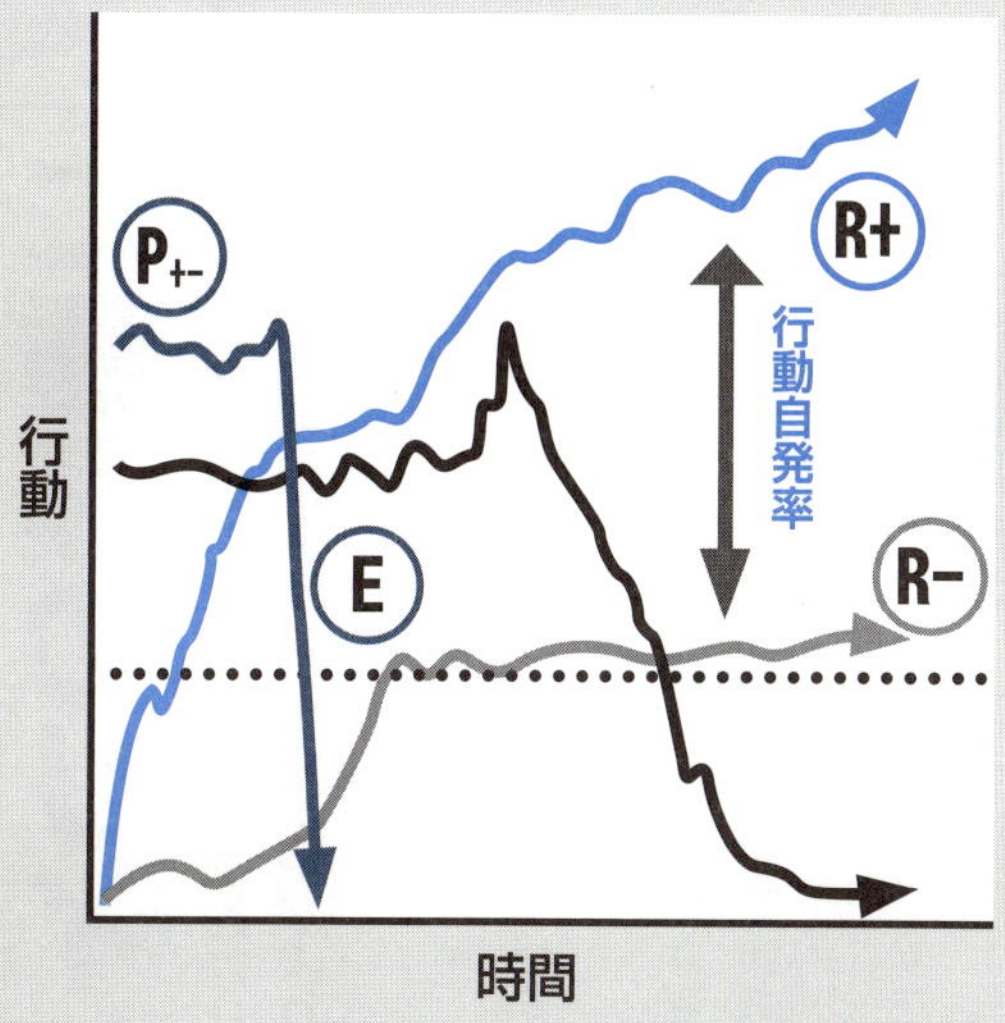

R（＋）……… 積極的なリインフォース
R（−）……… 消極的なリインフォース
P ……………… 罰・ペナルティ
E ……………… 行動の消去

行動を増やすか減らすかによって部下をマネジメントする

望ましい行動を増やすか、望ましくない行動を減らすかで、部下の行動を管理する。

18

積極的なリインフォースが最も行動を増やす

二種類のリインフォース

積極的なリインフォースと消極的なリインフォースの違いは、どのような点にあるのだろうか？　またどちらがより効果的なのだろうか？

行動を増やすリインフォースには、積極的なリインフォースと消極的なリインフォースの二種類があります。どちらも望ましい行動を増やすために使われます。

①積極的なリインフォース

積極的なリインフォースとは、**何かを与えることでターゲットとなる行動を増やすこと**です。例えば、賞賛や賞与、特典などがこれにあたります。行動を増やしたり減らしたりする要素の中でも、最も部下の自発的意欲を高め、行動の反応率を上げる効果があります。望ましい行動を増やすためには、最も効果的な要素です。

②消極的なリインフォース

消極的なリインフォースとは、**悪い結果、望まない結果を回避することによって、**

行動を増やすリインフォース

1 積極的なリインフォース

何かを与えることで望ましい行動を増やす。部下の自発的意欲を高め、最も行動の反応率を上げる効果がある。

2 消極的なリインフォース

望まない結果を回避することで行動を増やす。積極的なリインフォースに比べると、自発的意欲を高め、行動を増やす効果は少ない。

最も行動を強化するのは、積極的リインフォース

行動を強化することです。例えば、聞いたことを忘れないようにメモをとる、上司に怒られないために急いで仕事を終わらせる、などといった行動は、消極的リインフォースによって行動が強化されたのです。

望ましい行動の集積がビジネスの成果です。リーダーは罰やペナルティで望ましくない行動を減らすことよりも、望ましい行動を増やすリインフォースを、マネジメントの軸とするべきでしょう。

行動を増やすリインフォースをマネジメントの軸とする

罰やペナルティよりも、望ましい行動を増やすリインフォースの方が成果は上がる。

19

行動を最も強化する因子

積極的なリインフォース因子

すべてのリインフォース因子の中でも、部下の行動を最も強化する方法を軸としてマネジメントしよう。

リインフォースとは行動の頻度を高めることであり、リインフォース因子とは行動をもたらした要因となるものを指します。昇給などがこれにあたりますが、その他にどのようなものがリインフォース因子になるのか、代表的な例をあげてみます。

①**飲食物（食事、差し入れのお菓子など）**
②**プレゼント（趣味用品、装身具、玩具など）**
③**コミュニケーション（言葉でほめる、注目する、笑顔を見せるなど）**
④**トークン（シール、スタンプ、商品券など）**

これらはすべて与えることによって行動を強化する、積極的なリインフォースとして働きます。そのため**ポジティブなリインフォース因子**と呼ばれています。

リインフォースで行動を強化する

望ましい行動

↓ チェックリストにある結果に直結する行動

積極的なリインフォース

↓ ポジティブなリインフォース因子
・ポイントシールを与える
・言葉でほめる
・昇給につながる評価であることを伝える

望ましい行動が繰り返される

行動の結果として、ほめる、食事に誘う、あるいはシールやスタンプなどで仕事の評価を可視化するシステムを作ることも有効です。

例えば、ポイントカードを作成して、部下が望ましい行動をとったらポイントを与え、たまったらコーヒーチケットと交換できる、といったシステムを作るのです。単純な方法ですが、**ポジティブなリインフォース因子は行動を確実に強化する働きをし、自発的に望ましい行動を繰り返させる**ことができます。

自発的意欲を高める因子

積極的なリインフォース因子は他の因子に比べ、部下の自発的意欲を高くする。

20

「ほめ」のシステムを作って大いにほめる

「ほめ」は具体的でオープンに

ほめることが重要なのはわかっていても、具体的にどうやってほめればいいのかがわからない。

ほめられることは、望ましい行動をした部下にとって、ポジティブな結果であり、積極的なリインフォースとなります。ほめられるということは、**人から与えられる報酬の中でも最も価値があると感じる結果**です。自分の存在意義を強く認識することができるからです。ほめられたり、人から感謝されたりした人間は、必ずその行動を繰り返そうとします。ですから上司は、部下をほめて育てることに軸を置くべきです。

ただし注意すべきことは、**成果をほめるのではなく、行動をほめるようにすること**です。成果をほめることは、全体の二割のハイパフォーマーばかりをほめることになります。成果につながる、望ましい行動をほめることによって、残りの八割の社員の望ましい行動を増やすことができるのです。社員は具体的な行動をほめられることで、

◀部下のほめ方２大原則▶

公平性

成果をほめるだけでなく、行動をほめることでトップ社員ばかりでなく、公平にほめることができる。

内容が明確である

具体的な内容をほめることで、ほめられた本人も、それ以外の社員もどの行動が成果を生み出したのかがわかる。

どの行動が結果を生んだのかを理解します。

また、ほめるときはできるだけオープンにしてほめましょう。すると、ほめられた社員以外にも、どの過程で、どの行動が結果を生み出したのかが明らかになります。また、自分の行動はどこが良くなかったのかもすぐに理解することができます。

カードを用いるポイント制度を作る場合にも、最初に全員にシステムの説明をして、オープンな制度を作るようにしましょう。

具体的な行動をほめるようにする

行動をほめることで、公平になり、他の部下に対しても望ましい行動が明らかになる。

21

短期間で行動を減らす効果と副作用

罰とペナルティの注意点

使われることが多い罰とペナルティにはどのような効果があり、またどのようなデメリットがあるのだろうか？

罰やペナルティは、行動を減らします。部下が望ましくない行動をとった場合に与えることで、その行動を減らすというマネジメントをします。

特筆すべきはその効果の早さ、行動の反応率の早さにあります。ある行動の後に、罰やペナルティを与えると、すぐに行動は減少します（49ページ参照）。短時間で効果が現れるため、日本の企業では罰やペナルティが多用されています。

しかし、**罰とペナルティは行動を減らすためのもので、行動を増やすことはありません。望ましくない行動を減らすことに一定の効果はあっても、望ましい行動を増やす効果はないのです。**ビジネスとは行動の結果が成果・業績として現れるものなので、行動を減らすための罰やペナルティが、生産性を高めることはありません。

◀ マネジメントの基本はほめること ▶

●見込み客への電話を20件増やした	⇦	ほめる（リインフォース）
●訪問件数を10件増やした	⇦	ほめる（リインフォース）
●訪問先にパンフレットを置いてきた	⇦	ほめる（リインフォース）
●その日のうちに電話をかけた	⇦	ほめる（リインフォース）
●クレーム処理に即日対応できなかった	⬅	叱る（罰）
●会議の資料を準備した	⇦	ほめる（リインフォース）

罰やペナルティを多用すると、社員の自発的な意欲は減退し、仕事の効率にも影響が出ます。少なくとも罰やペナルティを単独で使うべきではありません。

行動科学マネジメントには、**四回ほめたら一回罰を与える「四：一の原則」**というものがあります。このくらいならば罰やペナルティの副作用が出ない、ということです。行動の後にほめるということは、行動をリインフォースすることです。やはりマネジメントの軸はリインフォースだと認識しましょう。

四：一の原則を堅持しよう

四回ほめて一回罰を与える。罰やペナルティを多用すると意欲の減退につながる。

22

行動の消去は部下のやる気を奪ってしまう

リインフォースが積極的に行われない場合

部下の行動に対してリインフォースが行われないと、行動はその後どのような反応を示すのだろうか？

リインフォースによって増えつつある行動は、リインフォースが得られなくなると元に戻ってしまいます。このように、ある行動の後に強化しないことによってその行動を減らすことを、**行動の消去（extinction）**と言います。

行動の消去は、意図的でないにせよ、多くの現場で発生しています。熱心に仕事をしている社員が仕事ぶりを評価してもらえないと、その社員は仕事に対する熱意を失ってしまうでしょう。行動したことがリインフォースされないため、その行動は次第に減少していき、最後には消滅してしまいます。

部下のパフォーマンスが低下していく原因の多くは、上司が「何をするか」よりも「何をしていないか」ということにあります。部下の行動を評価しない、内心では評

行動の消去の効果

	行動の消去	罰・ペナルティ	リインフォース
行動	減らす	減らす	増やす
成果	上がらない	上がらない	上がる
スピード	遅い	速い	速い
自発的意欲	なくす	減退する	高くなる

価していてもリインフォースしないことによって、望ましい行動を消去することになるのです。

行動の消去は、望ましくない行動を減らすという意味では一定の効果があります。しかし行動がとられた後、何もせず放っておくことで行動を消去するという手法は、罰やペナルティに比べて時間がかかるうえに、社員に注意を払わないことでやる気を低下させてしまうというデメリットもあるため、あまり効果的なマネジメント法とはいえません。

行動は強化しないと消滅してしまう

部下のパフォーマンス低下は、行動をリインフォースできていないことが原因。

23

目的・行動・結果のサイクルで人は動く

ＡＢＣモデルと結果の重要性

人はなぜ行動の後にリインフォースやペナルティを与えられると、その行動を増やしたり減らしたりするのだろうか？

リインフォースによって行動は強化され、罰やペナルティによって行動は減少します。なぜ、人の行動はリインフォースやペナルティによって左右されるのでしょうか。人が動く理由を論理的に説明する**ＡＢＣモデル**というものがあります。

ＡＢＣモデルは、次の三つの要素から成り立っています。

先行条件（Antecedent）……行動のきっかけとなる目的、行動の直前の環境
行動（Behavior）…………発言、振る舞いなど
結果（Consequence）………行動によってもたらされるもの、リインフォースなど

これらは因果関係によって成り立っています。人は、先行条件によって行動し、その結果がもたらされるということです。しかし、ここにもう一つ重要な因果関係が存

◀得られる結果が次の行動の目的になる▶

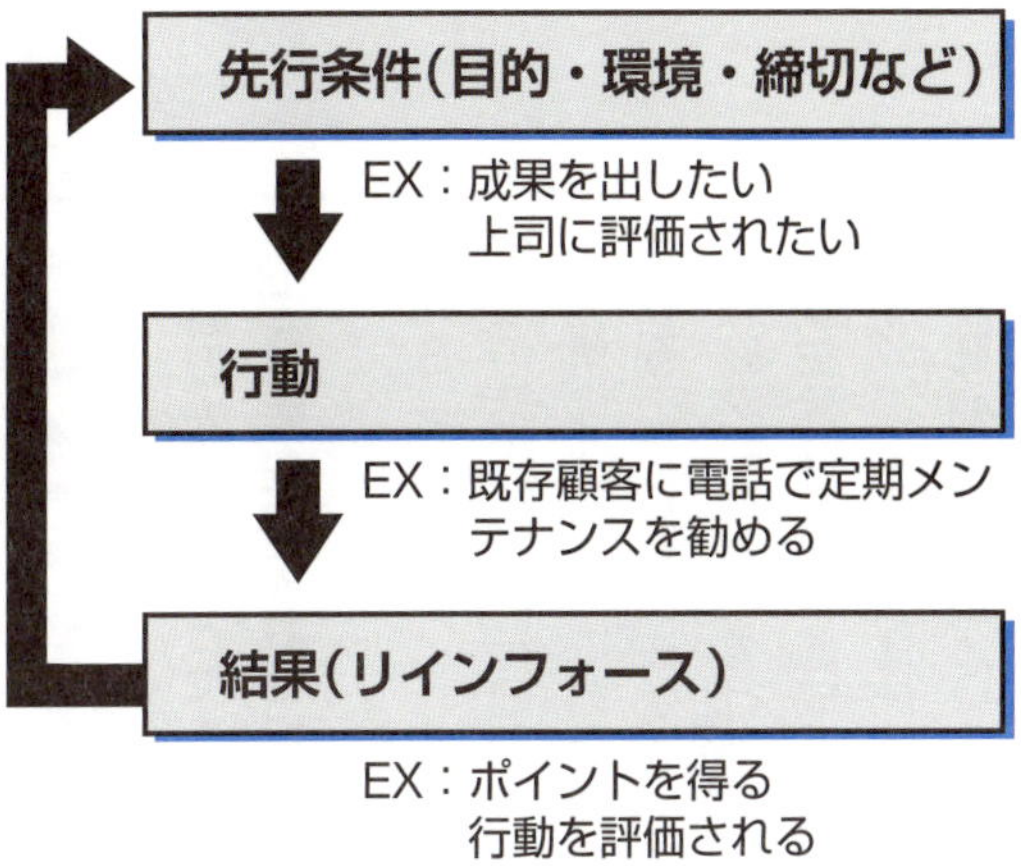

在します。結果によって新たな先行条件がもたらされる、というものです。**一つの行動によって得られた結果が、次の行動の先行条件となる**のです。

どのような結果がもたらされるかによって、人は行動するのです。部下が行動するかどうか、自発的に仕事にとり組むかどうかは、現れる結果によって大きな影響を受けます。

リインフォースという結果を与えて、部下が動く先行条件を整えてやるのが上司の仕事です。

結果が行動の先行条件となる

人は、どういう結果が得られるかによって行動を動機づける。

24

ハードルの低いゴールで達成感を与えてやる

サブゴールが行動の先行条件になる

行動の先行条件となる結果で、継続的に次の行動を導くためには、どのような形で結果を与えればいいのだろうか？

ＡＢＣモデルによれば、行動の八割は得られる結果によって動機づけられています。行動の結果が次の行動を決める先行条件となるのです。

組織の業務としての**最終的なゴールの前に、越えるべきサブゴールをいくつも作ってやる**ことで達成感を与えれば、サブゴールはＡＢＣモデルにおける結果となり、達成感は次の行動の先行条件として働きます。**サブゴールの達成感によって行動する喜びが生まれ、次の達成感を求めて行動を繰り返す**のです。

サブゴールは、達成感を与えてやることが目的なので、**ハードルを低く設定することが肝心**です。例えば、顧客と契約するというゴールの前に「電話を一日何本かける」だとか、「新規の客とアポイントメントをとる」といったクリアしやすいサブゴール

サブゴールで結果を与える

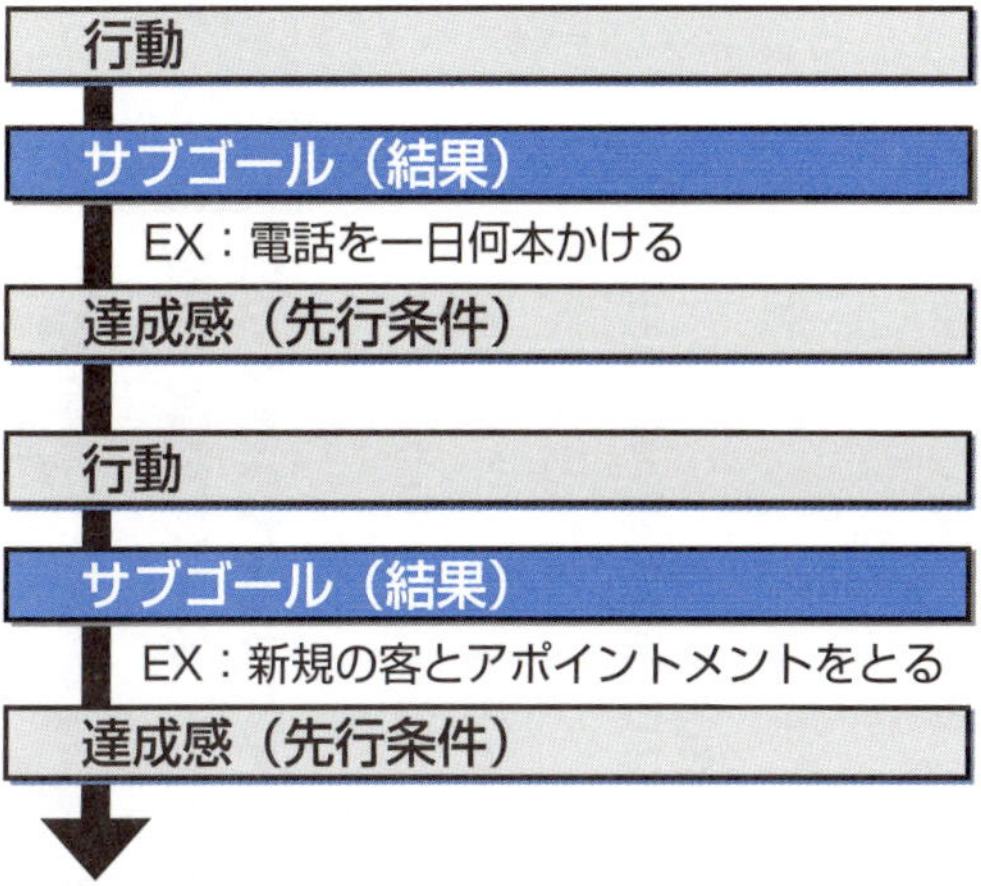

を設定してやることで、部下は達成感を味わい、その行動を繰り返し行うことになります。

　クリアした達成感では次の行動の先行条件としては物足りないと感じたら、その行動をリインフォースで強化します。ポイントを与えるでも、ひと言「よくやった」と声をかけるのでもいいでしょう。リインフォースで部下の行動を強化します。重要なのは、行動の後にサブゴールによる達成感やリインフォースなどで、本人が望む結果を与えることです。

サブゴールによる達成感が次の行動の動機となる

サブゴールによる達成感とリインフォースで、望ましい行動を繰り返すようになる。

25

PST分析法で人が動く条件を明らかにする

いかにリインフォースを与えるか

望ましい行動を繰り返すように動機づけする「結果」には、どのような種類のものがあるのだろうか？

ＡＢＣモデルによって明らかにしたように、行動は結果によって動機づけされます。では、望ましい行動が繰り返されるためには、どのような結果が与えられるのが最も効果的なのでしょうか。それを明らかにするのが**ＰＳＴ分析法**です。これは**結果が行動に及ぼす影響を明らかにできるツールで、人が動く条件を明らかにする整理法**と考えてください。ＰＳＴ分析法は三つの座標軸で行動を分けています。

①**タイプ**…………行動によって得られる結果が、ポジティブなもの（積極的リインフォース）か、ネガティブなもの（消極的リインフォース）かということです。

②**タイミング**……行動に対する結果が得られるのは行動の後、即時なのか、時間を置いた後でのことか、ということです。

◀ ＰＳＴ分析法３つの座標軸 ▶

1 タイプ

ポジティブ（積極的なリインフォース）	↔	ネガティブ（消極的なリインフォース）

2 タイミング

即時（行動の直後）	↔	後（行動から時間経過後）

3 可能性

確か（確実に得られる）	↔	不確か（得られるとは限らない）

③**可能性**……確実に結果が得られるのか、あるいは不確実なものかを見ます。

この三つの座標軸で、どの条件を持った結果を与えるのが、行動をより強く動機づけるのかを計ります。

最も行動を動機づけるのは、**ポジティブ（Positive）**な結果が、**即時（Sokuji）**に、**確実（Tashika）**に与えられるという条件です。それぞれの頭文字をとって、PST分析法と言います。

P 行動を繰り返させるために効果的な「結果」を分析する

人が動く条件は、タイプ・タイミング・可能性の三つの座標軸で明らかにする。

26

即時で確かに得られる結果が行動を促す

最も自発的行動を促す条件とは

部下に望ましい行動を繰り返させるためには、どのような条件の結果を与えるのが最も効果的だろうか?

PST分析法では、タイプを分けるポジティブ(P)とネガティブ(N)、タイミングを分ける即時(S)と後(A)、可能性を分ける確か(T)と不確か(F)の六つの組み合わせで、人が動く条件を分類していきます。条件はそれぞれの頭文字を使って表しています。

行動を継続させるために、最も効果的な結果の条件は**「PST」**で表される、**ポジティブ(Positive)**、**即時(Sokuji)**、**確か(Tashika)**

そして次に行動に与える影響が大きい結果の条件は、**「NST」**の、**ネガティブ(Negative)**、**即時(Sokuji)**、**確か(Tashika)**です。得られた結果にこの条件が揃えば、その結果を生んだ本人の次の行動に、大き

◀行動に与える影響が大きい条件▶

1 PST（ポジティブ・即時・確か）

EX：望ましい行動があれば、その直後にほめる、ポイントを与えるなど、行動を積極的にリインフォースする。

2 NST（ネガティブ・即時・確か）

EX：望ましい行動があれば、その直後に残業やレポート提出が免除されることを伝えるなど、消極的なリインフォースをする。

即時・確かに結果が得られる

な影響を与えることができます。

両者の違いは、得られた結果がポジティブ（積極的リインフォース）かネガティブ（消極的リインフォース）かというタイプの違いだけです。つまり、**行動に大きな影響を与える条件とは、「結果が即時に得られ、かつ得られることが確実だとわかっているもの」**ということになります。例えば、賞賛の言葉やポイントなど、すぐに確実に得られる結果が、最も行動に影響を与えるのです。

即時で確かに得られる結果が最も行動に影響を与える

ほめる言葉やポイントを与えることなど、即時で確かな結果が行動を促す。

27

賞与には効果があるのか

最も効果が少ない条件とは

日々の業務の中で、どのような結果が望ましい行動を継続させるために大きな効果を持つのだろうか？

人が最も行動を継続しやすい条件は、ＰＳＴとＮＳＴどちらも「即時・確か」でした。反対に最も効果が少ないのは、結果が出るまでに時間がかかり、なおかつ結果が確実に得られるかどうかわからない**ＰＡＦ**と**ＮＡＦ**の条件です。

ポジティブ（Positive）・後（Ato）・不確か（Futashika）
ネガティブ（Negative）・後（Ato）・不確か（Futashika）

社員の意欲を向上させるために、賞与というのは一般的な手法として考えられていますが、ＰＳＴ分析で見てみると、実は最も効果が少ないＰＡＦに分類されます。賞与は金銭を与えるポジティブ（Positive）なものです。タイミングは半年ごとなどなので、後（Ato）です。可能性は、賞与の額は多くの場合明らかにされておらず、組

行動の継続に最も効果がない条件

1 PAF（ポジティブ・後・不確か）

EX：賞与や慰安旅行などは積極的なリインフォースに見えるが、行動から時間を経過し、さらに不確実なものは行動を継続する動機にはならない。

2 NAF（ネガティブ・後・不確か））

EX：望ましい行動があれば、ボーナスカットをせずに全額支給といったアナウンスも、行動から時間経過後であること、不確かなことから効果は少ない。

後・不確かは効果がない

織の業績にも左右されるので、不確か（Futashika）です。賞与は、社員が自発的な意欲を持って行動するために得られる結果としては機能していないのです。

組織で与えられる結果のうち、即時に確実に起こる結果PSTやNSTは、それが小さな結果だとしても大きな力を持っています。時間的な差が生じるもの、不確実なものは、それが重大な結果でもあまり力を持ちません。**部下が望ましい行動をしたら、いかに即時に確実に結果を与えてやるかが重要**なのです。

即時・確かであれば効果は大きい

小さな結果でもすぐに確実に得られるものは、行動を継続させる効果は大きい。

28

望ましい行動を継続させるために重要なこと
PSTの6つのポイント

PSTの「即時」とはいつまでを指すのか？　など、リインフォースのポイントを押さえよう。

ここで、PST分析法を運用するうえでの六つのポイントをあげておきます。

①人がなぜある行動をするかを理解するために設計されたのが**PST分析法**である。

②先行条件と結果とをすべて対応させる必要はない。**行動と結果が結びついていることが大切。**実際にはいくつかの先行条件と結果が対応していることも多い。

③「すぐ」のタイミングはまさに「今すぐ」に。行動分析には**「六十秒間ルール」**というものがあり、部下が望ましい行動をとった後、六十秒以内に結果を与えなければならない。ただし、ビジネスのマネジメントの場合は言語でルール化することができるため、**「望ましい行動をした人は、いつまで（一週間以内など）に評価される」という共通認識**が可能。それでも二週間以内には結果を与えてやる。

◀ 60秒ルールの共通認識を作る ▶

原則行動後 60 秒以内に結果を与える

↓ 行動分析の 60 秒ルール

共通認識を作る

「望ましい行動をとったら、1週間以内にポイントが与えられる」

↓ 確実に実行される

結果と行動の因果関係を学習

※最長でも2週間以内には結果を与える

④反応が生じる確率は十割でなくともよい。すべての条件に対しての反応を予測するのは不可能である。そのため上司は、**部下の望ましい行動が高い確率で繰り返される結果を与えるようにする。**

⑤**一つの行動に焦点を合わせること。**複数の行動を混同すると結果も混同する。

⑥誰の行動を調べたいのか、誰の結果を評価したいのか明確にすること。**パフォーマー本人の視点を忘れた分析は失敗する。**

行動の直後に結果を与える

共通認識を持ってルール化し、最長でも二週間以内には確実に結果を与える。

第二章　まとめ！

- できる社員とできない社員の差は自発的意欲
- リインフォースで行動を増やす
- 積極的リインフォースが自発的意欲を高める
- 成果ではなく具体的な行動をほめる
- 罰やペナルティは行動を増やさない
- 行動は放っておくと消滅する
- 行動で得た結果が次の行動を生み出す
- サブゴールの達成感が行動を強化する
- 「即時」で「確か」な結果が行動に大きな影響を与える
- 時間が経過して与えられる結果は行動を強化しない

第三章

パフォーマンス向上のための5ステップ

行動科学マネジメントを使えば、すべての人の行動を増やしたり減らしたりすることができます。行動分析の５つのステップでパフォーマンスは飛躍的に向上します。

29

明日から会社で実践できるパフォーマンス向上の方法論

結果を出すための5つのステップ

八割のローパフォーマーとともに、二割のハイパフォーマーのパフォーマンスを向上させる方法はあるのだろうか?

前章までは、行動分析を用いて「やり方がわからない」「やり方がわかっても継続できない」という二つの理由で仕事ができないでいた、ローパフォーマーの社員を底上げするための具体的な方法を紹介しました。

上司は、常に部下の行動に注意していなければいけません。重要な行動は何か、目標はどのように達成されたのか／されなかったのか、前章までにも述べてきた通り、**大切なのは結果ではなく行動**です。部下の行動に注目し、組織が順調なときほどその理由を探って、さらなる生産性のアップや危機に備える必要があります。

この章では、すべての社員のパフォーマンスを引き上げるための、行動科学マネジメントの方法論を詳しく解説していきます。ローパフォーマーの底上げはもちろん、

パフォーマンス向上の５ステップ

1 ピンポイント
→ 結果に直結する行動を見つける。

2 メジャーメント
→ 結果に直結する行動を測定する。

3 フィードバック
→ 測定した行動のデータを本人に伝える。

4 リインフォース
→ 望ましい行動を強化して継続させる。

5 評価
→ 行動を評価する。

二割のトップ社員のパフォーマンスもさらに引き上げることが可能になります。

この方法論はどんな組織でも、どんな場面でも適用でき、明日からでもすぐに実践できる、本書の核ともいえる方法論です。**「ピンポイント」「メジャーメント」「フィードバック」「リインフォース」「評価」**と五つのステップからなっています。ステップを一つひとつ積み重ねることによって、部下のパフォーマンスを確実に向上させることができます。

どんな場面でもすぐに使える行動科学マネジメントの５ステップ

組織の規模やターゲットとなる相手を問わない、すべてのパフォーマンスを向上させる。

30

パフォーマンス向上の5ステップ❶

ピンポイント

パフォーマンス向上の5ステップ。実践するにあたって、まずどんなことが必要なのだろうか？

パフォーマンス向上のための最初のステップは、**「ピンポイント」を見つけ出すこと**です。ピンポイントとは、結果に直接結びつく行動のことを指します。売上アップや経費削減など、望んでいる結果に直接結びついた行動がピンポイントです。**すべての結果は、行動の連続から生まれるもの**です。連続する行動の中から、結果に直結するいくつかの行動を見つけることが、結果を変えるための第一歩です。

組織としてこの方法をとり入れるには、以下の手順で行います。

①**戦略上の目標を掲げる**……組織としてのビジョンや目標を掲げます。
②**結果のピンポイント**…………どのような結果を望むのかを明確にします。
③**行動のピンポイント**…………結果に直結する行動を見つけ出します。

◀ まずはピンポイントの行動を見つける ▶

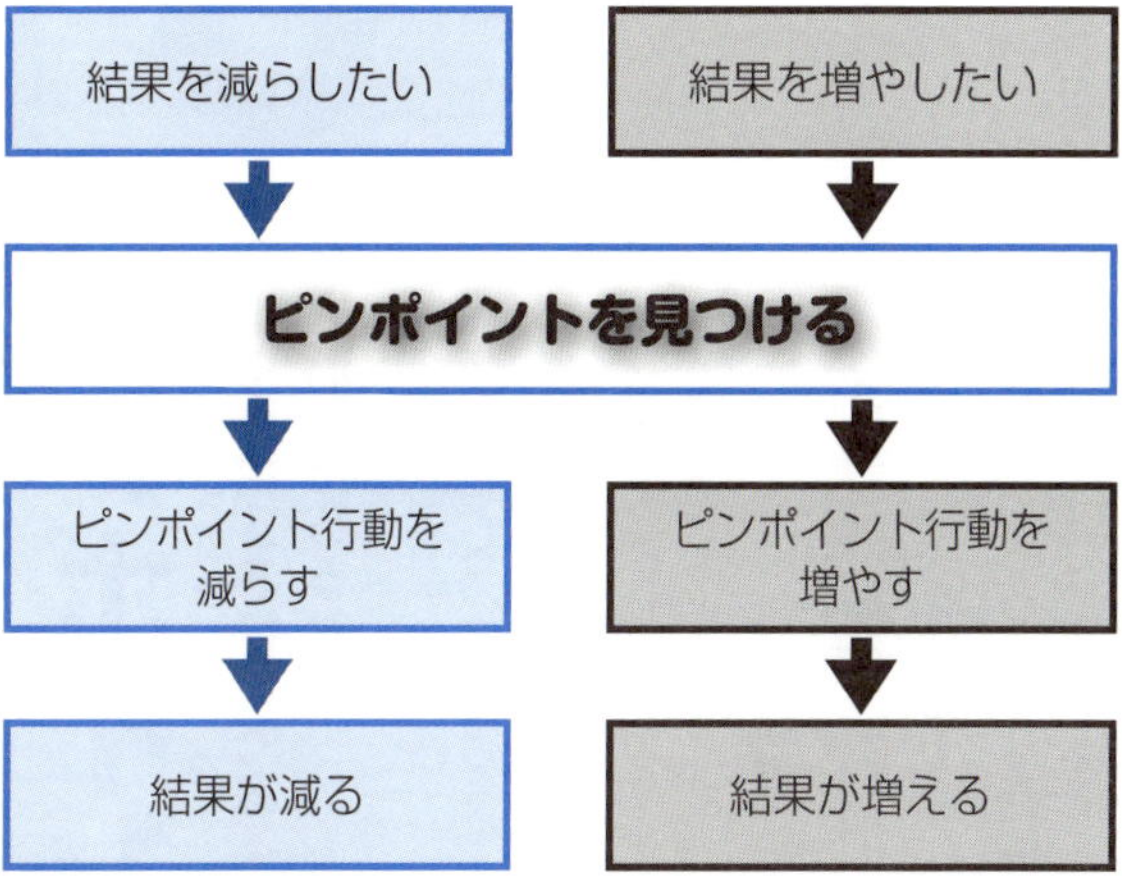

ピンポイントを見つけることができれば、後はそのピンポイント行動を増やしたり減らしたりすればいいのです。売上という結果を増やしたい場合は、売上に結びつくピンポイントの行動を見つけ、その行動を増やします。経費の無駄という結果を減らしたい場合は、経費の無駄に結びつくピンポイントの行動を見つけ、その行動を減らします。

大切なのは、**上司が結果に直結する行動をピンポイントに見極められるかどうかです。**

結果だけでなく、それを導くピンポイント行動を見つける

直結するピンポイントの行動を見つけることが、結果を変えるための近道になる。

31

結果に直結する行動をグラフで分析する

ピンポイントの見つけ方

結果に直結する行動であるピンポイントを見つけるためには、具体的にどうすればいいだろうか？

ピンポイントを見極めるためには、**グラフを用いて行動を検証**します。

まず、望ましい結果につながっていく一連の行動を、分解して書き出していきます。その中から結果に直結すると思われる行動を五つ程選び、それをさらに二つか三つにまで絞り込みます。例えば、売上を上げるという結果に直結するであろう行動を、客に「ダイレクトメールを送る」「電話をかける」「訪問する」と絞り込みます。

絞り込んだ行動が、本当に結果に直結しているかどうかを調べるためには二つのグラフを使用します。部下の行動を観察しながら、**一つは時間の経過と行動の増減を表したグラフ、もう一つは時間の経過と結果の増減を表したグラフを作成**します。観察するのは、一人〜数人程度、期間は二、三日〜一週間程度あれば十分でしょう。

◀ピンポイントを見つける▶

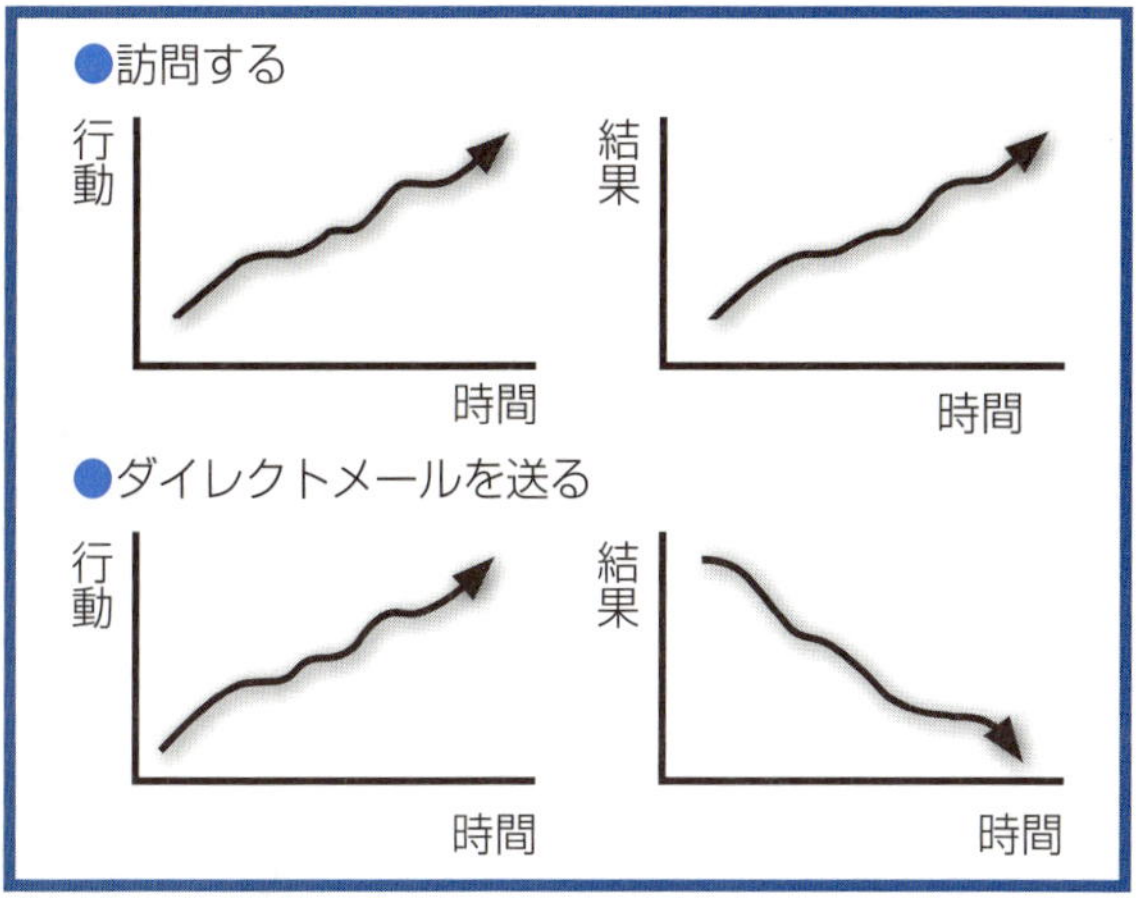

行動を増やし、時間の経過とともに結果も増えてきたグラフがあれば、その行動が結果に直結するピンポイントということになります。「訪問する」という行動を増やして結果が増えていたのなら、これがピンポイントだとわかります。

同じように、何らかの問題をなくしたいとき、例えば経費を削減したい場合は、行動を減らしたときに結果も減る、という動きを見せたグラフの行動がピンポイントとなります。

二つのグラフで行動と結果を観察しピンポイントを見つける

結果に直結する行動がピンポイント。二つのグラフで結果と行動を観察して明らかにする。

32

パフォーマンス向上の5ステップ❷

メジャーメント

ピンポイントで結果に直結する行動を見つけることができたら、次に必要なことは何だろう？

5ステップの二番目はメジャーメントです。**メジャーメントとは、行動の数を測定することです**。ピンポイントで見極めた、結果に直結する行動を測定します。部下を効果的にマネジメントするには、パフォーマンスのデータ収集は欠かせません。

これまでのマネジメントでは、測定することはアベレージ以下の社員を見つけることが目的とされてきました。ノルマを達成できない社員は、有形無形の罰則が課されていたのです。しかし、行動科学マネジメントにおけるメジャーメントは、罰則のための測定ではありません。過去と現在を比較し、マネジメントの効果を確認するために行うものです。**測定の後に与えられるのは、罰ではなくリインフォース**です。そのことを社員に理解させるためにも、オープンなシステムにする必要があります。

◀行動を測定する目的▶

行動科学マネジメント	従来のマネジメント
行動を測定	結果を測定
▼	▼
・本人の目標との比較 ・マネジメントの効果を確認	・他人との比較 ・ノルマを達成できなければ罰則
▼	▼
客観的データの収集	できない社員の発見

メジャーメントで測定した行動のデータを次のステップで、本人にフィードバックします。注意が必要なのは、行動を測定して数をカウントすると、他者と比較してしまいがちになることです。**重要なのは本人の目標と比較すること**です。目標の数値に対して、どのくらい達成できたのかを見なければいけません。

これらのデータを収集し、本人にフィードバックします。部下のパフォーマンスを最大限に高めるには、**正確な測定によるデータを蓄積することが大切**です。

Ⓟ 測定した数値は本人の目標と比較する

他人と比較して優劣をつけてはいけない。目標を達成することが重要。

33

測定するのは質・量・時間・コストの四つ

メジャーメントに必要な要素

ピンポイントの行動を測定するために、どのような要素をどのような基準値で測定すればいいのだろうか?

メジャーメントは、**行動の質・量・時間・コストの四つを測定**します。

①行動の質の測定

メジャーメントで最も注意しなければならないのは、行動の質を測定することです。行動の質は、行動の正確さとも言い換えられる、非常に重要な要素です。行動の質をおろそかにするマネジメントは、確実に失敗します。

②行動の量の測定

測定において最もよく使われるのが、この量の測定です。これは行動の数を測定します。数量や回数、割合などとして測定されます。最も単純でわかりやすい指標ですが、質を伴った行動であるかどうかに注意しましょう。

◀ 見込み客への電話を測定 ▶

行動の時間	行動の質
・行動に要した時間 EX：電話での会話時間、電話から面会までの時間	・必要な行動をチェックリストに落とし込み、それに沿った行動ができたか

行動のコスト	行動の量
・行動に対して、組織がかけたコスト ・人件費・備品の費用などの経営コスト	・行動した回数、数量、割合など EX：電話の件数、新規獲得件数

③行動の時間の測定

次のステップのフィードバックに役立てる意味でも測定が必要です。これも時間効率ばかりに注目すると、質がおろそかになってしまう危険性があります。

④行動のコストの測定

行動に対して成果が伴った件数を測定し、一種の費用対効果を明らかにします。

継続的な測定で行動の傾向を明らかにします。

行動の質をおろそかにしない

量・時間・コストなど測定しやすいものにばかり注目するとパフォーマンスは向上しない。

34

目に見えない行動も測定する

二種類の測定法

一見すると目に見えない行動や、数値化することができない行動は、どのように測定すればいいのだろうか？

測定すべきピンポイントの行動には、目に見えるものと、一見すると目に見えないものがあります。一見して表に現れない行動でも、測定は必要です。そのため、行動を測定する方法は二種類あります。

まず、**目に見える行動を測定する場合はその数量をカウント**します。例えば、売上を上げるために「チラシを配る」などの行動はその枚数をカウントすることができます。数値化して測定する方が、測定精度が高くなるため、できるだけ数値化して測定するようにしましょう。一見すると数値化が難しいと思われる行動も、ピンポイントの行動をチェックリストにすることによって、数値化が可能になります。**チェックした項目の数をカウントすれば、行動の数を測定することができる**でしょう。

◀ クオリティ評価法 ▶

非常に良い	□	既存顧客に対し、月に一度の訪問を行っている。
良い	☑	既存顧客に対し、月に一度電話によるアナウンスを行っている。
普通	□	既存顧客に対し、ダイレクトメールでアナウンスをしている。
悪い	□	契約後、一度連絡を入れた後は途絶えている。
非常に悪い	□	契約後、まだ一度も連絡を入れていない。

それでも目に見えない、数量でカウントできない行動というのも出てきます。例えば、「顧客満足度を上げる」などは数量でカウントすることができません。そのような場合には**「クオリティ評価法」を使って、上司が「判断」**します。五段階の評価のうち、いずれに位置するかで測定するものです。

このように、ピンポイントによって明らかになった、結果に直結する行動を二つの方法で測定し、フィードバックへとつなげていきます。

クオリティ評価法で上司が判断する

行動の数値化とクオリティ評価法による判断で、パフォーマンスを測定する。

35

パフォーマンス向上の5ステップ❸

フィードバック

メジャーメントで測定した数値を、いつ本人に伝えるのか？　またどのような方法でフィードバックすればいいのか？

５ステップの三つめは、**フィードバック**です。ピンポイントによって結果に直結する行動を見極め、メジャーメントで測定したら、次はそれを今後の仕事に活かすため、パフォーマンスを調整するために、**情報を本人にフィードバック**します。以前に比べてどれだけパフォーマンスが上がったかを本人に示すことによって、**効果を実感させ、自発的意欲を促す**ことができます。

従来のマネジメントでは、結果が出たときしかフィードバックしていませんでした。しかし、フィードバックは常にしなければなりません。本人が今どの段階にいるかを認識させることは、自発的意欲を促すうえで、大きな意味を持ちます。チームとしての行動を測定した場合も、同様にフィードバックが必要です。

データをフィードバックする

行動を測定したデータ

↓
・言葉で伝える
・態度で示す
・グラフにして提示する

本人にフィードバックする
現在どの段階にいるのかを認識させる

↓
・以前の自分と比較する
・目標達成まであとどのくらいか

効果を実感し、自発的意欲が上がる

フィードバックするには、言葉で伝える、態度で示す、グラフにして提示する、などの方法があります。**最も容易で効果が一定なのが、グラフで提示することによってフィードバックする方法**です。グラフを会社の壁に貼るのもいいですし、携帯サイトのブログで公開した例もあります。グラフでのフィードバックは、上司の気分や体調で左右されることもありません。

また、いつでも目にすることができるので、部下の自発的意欲は自然に高まることになります。

フィードバックで自発的意欲を促す

自分がどの段階にいるのかを認識させることによって、部下の自発的意欲を高める。

36

パフォーマンスを上げるために「必要な行動」をフィードバックする

フィードバックも測定が必要

メジャーメントで測定した数値を本人にフィードバックする際に、気をつけるべきことは何だろう？

フィードバックは、メジャーメントで測定したものを本人に伝え、本人の現在の位置を明らかにすることによって、自発的意欲の発生を促すものです。

フィードバックする際に誤った情報をフィードバックしてしまうと、結果に直結しない行動を繰り返すことになってしまいます。間違ったフィードバックは、かえってパフォーマンスを下げることになるのです。**誤った情報がフィードバックされることがないように、フィードバックする際も測定が必要**です。

ターゲットとなる部下にとって、どの行動をフィードバックするのが適当かを見極める必要があります。例えば、売上を上げるために必要なピンポイント行動として「顧客に電話をかける」「アポをとる」「面会する」「商品の説明をする」を選び出

◀ フィードバックする情報を選ぶ ▶

● EX：アポはとれるが契約に至らない社員の場合

<ピンポイント行動を測定>
・電話をかける（1日50件）
・アポをとる（1日５件）
・商品の説明をする（クオリティ評価／普通）

何が必要なのかを測定する

「商品の説明をする」という行動の質を高めるよう本人にフィードバックする

したとします。それらを測定し、フィードバックしますが、アポはとれるが契約までいけないという社員であった場合、「電話をかける」や「アポをとる」という行動を増やすのは、的確ではありません。**必要なのは「商品の説明をする」という行動の質を測定し、それをフィードバックしてやること**です。

測定は手間がかかるように思われますが、それによってパフォーマンスが向上すれば、結果としては時間の節約になります。

本人に必要な行動を見極めて的確にフィードバックする

的確にフィードバックするためには、パフォーマンスを上げるのに必要な行動を測定する。

37

パフォーマンス向上の5ステップ❹

リインフォース

フィードバックされた情報で望ましい行動に導いた後、どのようなリインフォースをすれば行動は継続されるのか?

フィードバックとともに自発的意欲を維持させるのが、ステップ4の**リインフォース**です。部下が望ましい行動をとったら、すぐにリインフォースしてその行動を継続させる必要があります。

行動を継続させるためには、いかにポジティブなリインフォース因子を与えるかが鍵となります。リインフォース因子は、本人が望むものでなくてはいけません。お酒が飲めない人にとって、飲みに誘われることは、リインフォース因子とはならないでしょう。本人が望むものでリインフォースしてこそ、行動は継続されるのです。

そのため上司は、**部下が何を望んでいるのかを知っておかなくてはいけません**。自分の望むものが手に入るとわかれば、誰でも自発的に行動するようになります。

リインフォースの注意点

本人が望んでいるものがリインフォース因子になる
本人が望んでいる結果でリインフォースがなされなければ、行動は強化されない。
即時・確かに与えることが重要
リインフォースは、行動の直後に、確実になされるものでなければならない。

↓

上司は、部下が望むものを知っておく必要がある

さらに重要なのは、ＰＳＴ分析法（64ページ参照）でわかるように、**望ましい行動がなされたら、即時に確実なリインフォースを与えること**です。

ピンポイントで結果につながる行動を見つけ、メジャーメントでその行動を測定し、グラフ化して本人にフィードバックすることで、どんな行動をとるのが望ましいかを伝えました。そして、行動がとられたら、即時・確実に積極的なリインフォースで行動を強化して、望ましい行動を繰り返させるのです。

上司は部下が何を望んでいるのかを知っておく

本人が望んでいるものを与えることによって望ましい行動を繰り返させる。

38

効果的なリインフォースをするために

リインフォース因子を測定する

リインフォースするために本人が何を望んでいるのかを知りたいが、どうすれば部下の望むものを知ることができるだろう？

リインフォース因子は、本人が望むものでなければいけません。これを**「動機づけ条件」**と呼びます。その人が何に動機づけられて行動するか、ということです。上司は、部下の動機づけ条件を知っておく必要があります。間違ったリインフォース因子では、行動を継続させることができません。

効果的なリインフォース因子を見つけたい場合も、**「測定する」**という方法が有効です。**何を、いつリインフォースするのが効果的かを、データをとることによって明らかにする**のです。

部下が望ましい行動をとった後にリインフォースし、その行動が継続されたかどうかを測定します。適切なリインフォースを与えているつもりでも、行動が継続されて

◀リインフォース因子のリストを作る▶

ポイント		引き換えリスト
10ポイント	☑	・お菓子 ・インスタントコーヒー
20ポイント	☐	・昼休み10分延長権 ・カフェのコーヒーチケット
30ポイント	☐	・ランチ券 ・商品券（1000円分）

フィードバックされた、結果につながる行動がなされたらポイントを与え、たまったポイントに応じて、本人の望むものと交換できるシステムを作る。

いなければ、それは部下にとってリインフォース因子ではないことになります。リインフォースしているにもかかわらず、パフォーマンスが下がってきたら、その因子の効果が下がってきたことになります。**リインフォース因子は飽きられることや変化することもある**ので、継続して測定する必要があります。

　経費の枠の中で、リインフォース因子のリストを作っておき、その中から選ばせるというのも一つの手法として有効です。

Ⓟ リインフォースは継続して測定する

リインフォース因子は変化するものなので、効果の測定を継続して行う必要がある。

39

分化リインフォースで効果を保つ

部下の望ましい行動が継続するようになったら、その行動を習慣化させたいが、いつまでリインフォースし続けなければならないのか?

効果が長続きするリインフォース

望ましい行動を繰り返させるためのリインフォースは、いつまで続けるべきなのでしょうか。部下が望ましい行動を続ける限り、同じ行動に対して毎回ほめたり、表彰したりというのをいつまでも続けるのでしょうか。もちろん、そうではありません。

リインフォースには、**連続リインフォース**と**分化リインフォース**という二つがあります。連続リインフォースとは、ある行動に対してずっとリインフォースを続けることです。分化リインフォースとは、ある行動に対して最初のうちはリインフォースをしますが、ある段階でリインフォースの頻度を少なくします。そして、ときおりリインフォースを与えるようにします。

この二つのリインフォースのうち効果が長続きするのは、分化リインフォースの方

◀分化リインフォースへの流れ▶

Step ❶

行動をリインフォースする

部下の望ましい行動を、ほめたり、ポイントを与えたりしてリインフォースする。

Step ❷

行動が定着してくる

リインフォースで行動を継続させることで、行動は定着し、習慣化する。

Step ❸

分化リインフォース

部下の望ましい行動に対して、リインフォースの頻度を少なくする。

Step ❹

要求のレベルを上げる

望ましい行動が定着したら、もう一段高いレベルでのパフォーマンスを要求する。

なのです。最初のうちは毎回リインフォースをして、行動を継続しなければいけません。しかし、ある程度その行動が定着してきたら、ときどきリインフォースするだけの方が、人間は行動を繰り返すのです。惰性で続けても意味はありません。

　望ましい行動が定着し、分化リインフォースに切り替えたら、次はもう一段高いレベルのパフォーマンスを要求します。定着した行動は習慣化させ、さらに高いパフォーマンスを身につけさせます。

P 一つの行動が定着したら、要求を一段高くする

ある行動が継続できるようになったら、もう一段高いレベルのパフォーマンスを要求する。

40

評価

パフォーマンス向上の5ステップ❺

望ましい行動が継続されるようになって定着したら、それをどのように評価すればいいのだろうか？

最後のステップは**評価**です。ピンポイントで結果に直結する行動を見つけ、メジャーメント（測定）し、フィードバックで本人に返して、リインフォースで行動が強化されたら、最後に評価します。**この五つのステップを順に踏むことで、行動の反応率が上がり、必ずパフォーマンスは向上**します。

評価というのは、人事査定などの数字上の評価でかまいません。望ましい行動が繰り返されるようになったら、そのことに対してさらに何かを与える必要はありません。評価というのは、組織のビジョンに合致した、結果に直結した行動をとれるようになったときにされるものです。その段階では、数字上の評価をするだけでいい程にパフォーマンスは向上しています。

最後のステップは評価

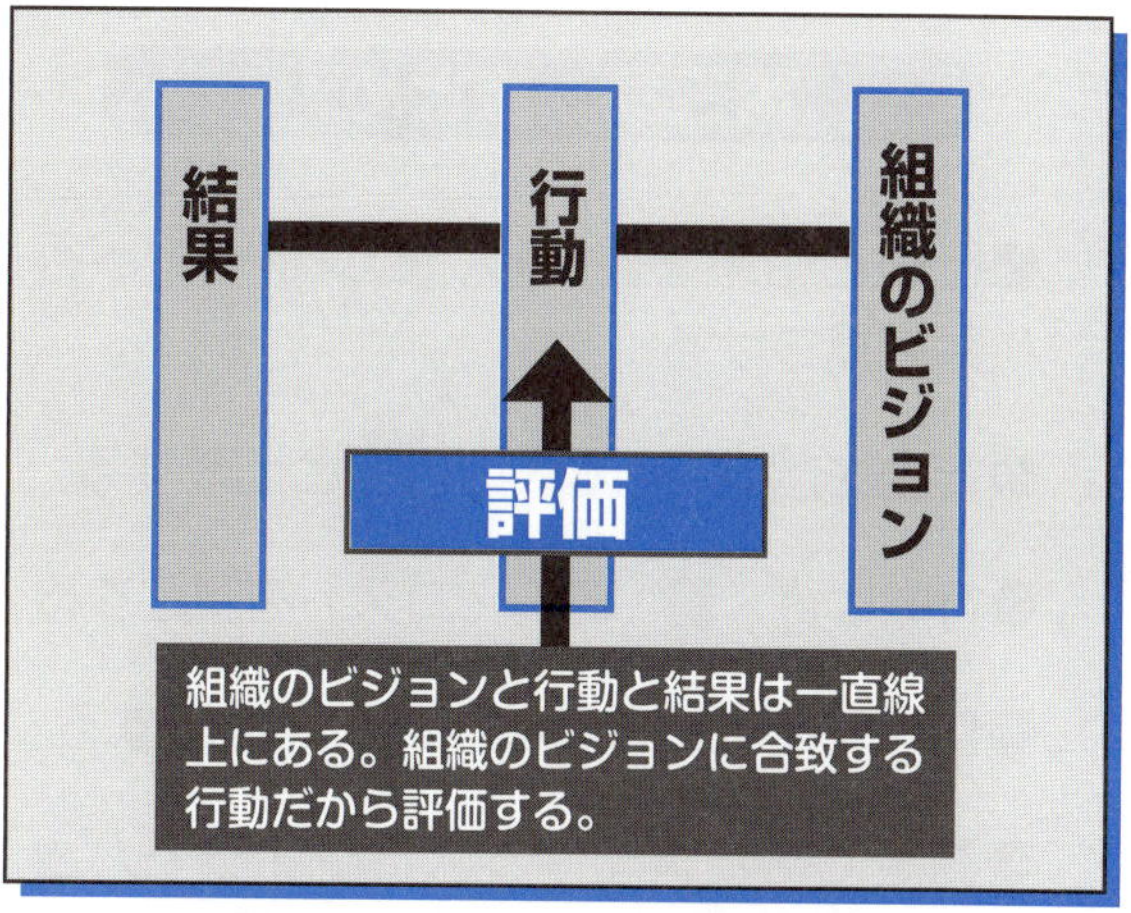
結果
行動
組織のビジョン
評価
組織のビジョンと行動と結果は一直線上にある。組織のビジョンに合致する行動だから評価する。

この5ステップを導入する際に注意すべきことは、**上司は中長期的な視点を持たなければいけない**、ということです。最初にリインフォースをして、部下の心に動機づけをし、次第に習慣化させていくのが目的なのです。導入当初は、ほめ言葉やポイントなどで積極的にリインフォースを繰り返すことが必要です。望ましい行動が継続するようになったら、分化リインフォースに切り替えます。その後、望ましい行動は自然と習慣化していきます。

P

中長期的な視点で、部下の行動に対しリインフォースを繰り返す

一度の失敗であきらめずに、リインフォースを繰り返して行動の継続を促す。

第三章　まとめ！

- 行動と結果を観察し、ピンポイント行動を見つける
- 行動を測定し、本人の目標と比較する
- 行動は質・量・時間・コストを測定する
- 目に見えない行動は上司が「判断」する
- 測定で得た情報は本人にフィードバックする
- 必要な行動を見極めてフィードバックする
- 上司は部下が望むものを知らなければならない
- 効果を持続させるためにリインフォースを測定する
- 行動が定着したら、分化リインフォースに切り替える
- 中長期的な視点で部下の行動にリインフォースを繰り返す

第四章

部下育成の設計図を作る

部下を確実に育成するためには、思いつきや勘に頼った指導は効果的ではありません。この章では、戦略的な部下育成のための、指導プランを作る方法を解説します。

41

戦略的な部下育成の設計図作り

部下の指導プランを作成する

部下を指導するためのプランを作成する際に必要なこと、気をつけなければならないことは何だろう？

ここまで、一章で「やり方がわからない」、二章で「継続できない」部下の指導方法を、三章ではそれらを含めたパフォーマンスを高める方法論を紹介してきました。

この章では、前章までの内容を踏まえつつ、部下の指導を行う際に必要な、指導のための設計図作り、**「インストラクショナル・デザイン」**を紹介します。優秀な部下が育つのをただ待つのではなく、**戦略的な指導によって部下を確実に成長させようと考えた場合、明確な指導プランを作っておくことが必要**になります。

部下を成長させる目的は何か、ゴールはどこに設定するのか、教えるべき知識や技術は何か、などの事柄を分析し、指導のプランを作り上げる必要があります。

インストラクショナル・デザインは、その名の通り**インストラクション（指導）を**

◀部下の育成は企業理念とつながる▶

企業理念
▼
長期ビジョン
▼
中長期計画
▼
日常業務

デザイン（設計）することです。

指導プランを作るにあたって、忘れてはならないのは、社員の日常業務は、企業・組織の理念やビジョンに基づいているということです。理念を実現するために、組織の長期ビジョンがあり、それに基づいた中期・短期の経営計画や戦略があるのです。それが社員の日々の業務へとつながります。

そのことを確認したうえで、**明確な理念と戦略を持った部下育成の設計図**を作っていきましょう。

P 企業理念やビジョンに基づいて部下の指導プランを設計する

企業の理念を部下の行動に落とし込む指導を心がける。そのための設計図作りである。

42

誰が誰に対して行っても同じ効果を期待できるインストラクショナル・デザインのメリット

インストラクショナル・デザインのプロセスに従って、指導の設計図を作ることによって、どのようなメリットがあるのだろうか？

インストラクショナル・デザインは、行動分析を基にしているため、**再現性・汎用性に優れ**、業種を問わず、**どのような組織でも有効に機能**します。さらに、誰が誰に対して行っても同じ効果を期待することができるメソッドです。

基本プロセスの**ADDIE**（アディー）モデルは、五つの要素から成り立っています。

①分析（Analyze）……教えるべき内容（知識・技術）を分析する。
②設計（Design）……目標、達成するためのプロセス、評価の指標を設計する。
③開発（Develop）……指導に用いるツールを開発、あるいは選択する。
④実施（Implement）…設計図を基に実際に指導を行う。
⑤評価（Evaluate）……目標が達成できたかどうかを評価する。

◀基本プロセスのADDIEモデル▶

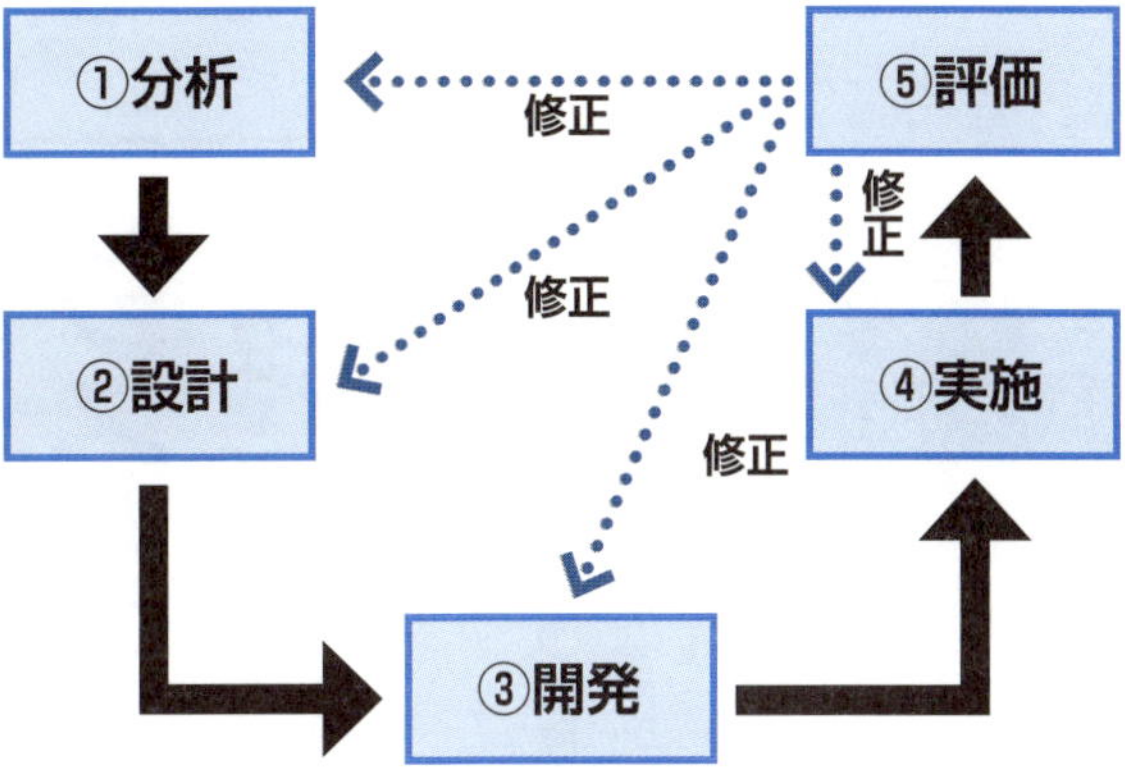

これら五つの要素はサイクルになっており、分析、設計、開発、実施はすべて評価からフィードバックして、それぞれのプロセスに修正を加えることができます。このことによって、設計図は指導する度に改善されていくという性質を持っています。つまり、**一度設計図を作れば、その度に指導するターゲットに合わせたプランに更新されていく**のです。

そのためには、最初にしっかりとした設計図を作っておく必要があります。

一度作った設計図は、ターゲットに合わせて使う度に改善されていく

設計図は、プロセスに修正を加えることでターゲットに合わせて改善されていく。

43

教え手の思い込みで情報の格差が生まれる

インストラクショナル・デザインの大原則

教えたはずなのに部下ができないのはなぜなのか？　部下を指導する際に常に意識しなければならない二つの原則。

インストラクショナル・デザインを活用した部下の指導プランを作るにあたって、忘れてはならない**二つの原則**があります。これは、実際に指導・評価する際にも常に念頭に置くべき重要な原則です。

①学び手は常に正しい

部下が教えたことをうまく実施できないと、上司は部下のせいにしがちです。しかし、教え手が「教えたつもりのこと」と、学び手が「理解すること」は、イコールでないことの方が多いのです。教え手と学び手の間には情報の格差があることを忘れてはいけません。情報の格差は、教え手の「わかるだろう」という思い込みから生まれるものです。**指導は常に学び手が「理解すること」を基準にします。**

◀インストラクションの二大原則▶

1 学び手は常に正しい

教え手が理解させたつもりのことを、学び手が理解しているとは限らない。

2 すべてを具体的な行動に落とし込む

曖昧で抽象的な表現は使わない。すべて具体的な行動で表現する。

EX：「きちんとフォローする」→「その日のうちに電話をして、問題がないか確認する」など

教え手と学び手の間には情報格差がある

②すべてを「具体的な行動」に落とし込む

指導が失敗する原因に多いのが、理解している人が理解している人にだけ通じる言葉で指導している、ということです。「しっかり～する」などと、曖昧で抽象的な表現が多いのです。「資料を二十部作成する」「月に一度は顧客を訪問する」など、**すべて具体的な行動で表現することが必要**です。

この二つの原則を常に頭に入れておきましょう。

学び手の目線で指導する

教え手と学び手の情報の格差を忘れずに、学び手が理解することを基準に指導する。

44

インストラクショナル・デザイン　実行ステップ❶

「知識」と「技術」に分類する

ＡＤＤＩＥモデルのプロセス第一段階である「分析」では、どんな作業が必要なのだろう？

指導の設計図を作る前に行う作業が、ＡＤＤＩＥモデルにおける分析（Analyze）です。分析とは、部下に何を教えるのかを整理することです。そこで必要となってくるのが、**教えるべき事柄を「知識」と「技術」に分類する作業**です。

上司が部下に教えるべき業務は、数多くあります。無計画に思いつくまま教えても高い学習効果は期待できず、指導すべきことを忘れてしまう可能性もあります。教えるべきことを分類し、整理することで、指導の効果を高められるのです。どんな業務であれ、教えるべきことは知識と技術に分類することができます。上司が知識と技術を分けて教えれば、部下も秩序立てて学ぶことができます。教えるべき知識とは、部下がある業務を行うために、「知っていなければならないこと」です。業務に必要な

自動車販売員の指導の場合

●技術

- 店頭に来た客に即座に声をかける
- 席に案内する
- カタログを見せる
- 客の希望と似たタイプの別の車も紹介する
- 書類を作成する
- 実際の手続きの仕方

●知識

- 店頭に来た客に対応するときの心構え
- どの席に案内するのか
- 店頭にある車種
- 店頭にはないがとり扱っている車種
- 書類作成の手順
- 納車までの手続きの手順

先に知識を教えた後、技術を教える

行動、その行動が必要な理由、その行動をとる場合の心構えなども含まれます。**実際に指導する際は、知識から先に教える方が効率的**です。

教えるべき技術とは、業務を行うための「具体的な行動の仕方」です。業務を行動レベルまで分解し、チェックリストにして身につくまで繰り返し訓練させます。部下に仕事を教えることは、必要な知識と技術を教えることです。知識と技術を分類することで、両方を効果的に身につけさせることができるのです。

まず知識、続いて技術を教える

知識と技術を分類したら、先に知識を、続いて技術を教えるのが効果的な指導法。

45

インストラクショナル・デザイン実行ステップ❷－1

指導する範囲を決める

部下の始動はどこから始めて、どういう状態になったら指導を終了させるべきなのだろうか？

指導の設計図作りで最初にすることは、ゴール地点を決めること、つまり目標を設定することです。指導によって、何ができるような状態になっていればいいのか、を明確にします。その際に重要なのは、抽象的な表現ではなく、具体的な行動を示す言葉で表すことです。指導が成功したかどうかを正確に評価するためには、具体的な基準が必要です。**指導の後に、どんな行動を示してほしいかを具体的に書き出していきます**。例えば、「顧客のニーズを吸い上げ、企画に落とし込むことができる」といったゴールを設定します。細かく具体的にゴールを設定することによって、教えなければいけない知識や技術も具体的に導き出すことができます。

次に必要なことは、指導のスタート地点を見つけることです。ターゲットとなる部

◀スタートとゴールを設定する▶

❶ゴールを設定する

指導後に、具体的にどのような行動がとれるようになってほしいかを書き出して、ゴールを決める。

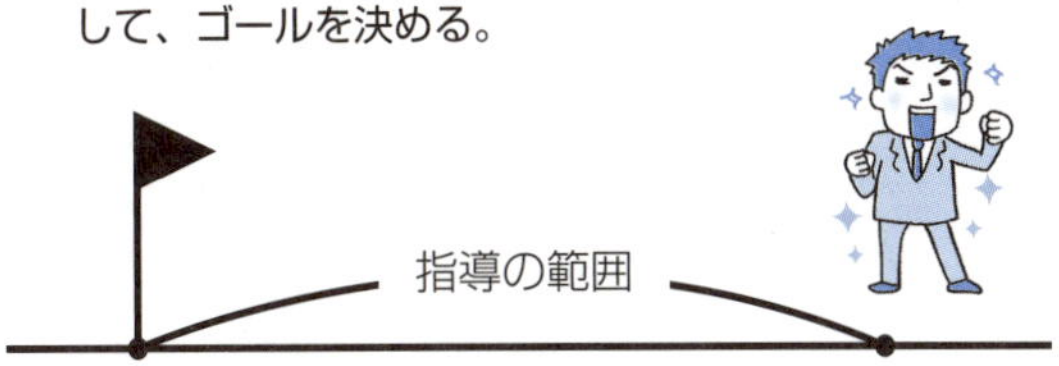

❷スタートを設定する

仕事ができる人と比べて、わかっていることと、わかっていないことを事前テストを作成し明らかにする。

下が現在どの地点にいるのかを見極めるのです。これは事前テストをすることで明らかになります。**できる人の知識や技術を参考に、単純な問題を作成し、どのくらいの知識があるのかをテストする**のです。これによって、何がわかっているのか、わかっていないのかを把握でき、指導のスタート地点が判明します。

指導のスタートと地点から目標であるゴールまでが、指導を行う範囲です。上司はこの範囲の中で、必要な知識と技術を教えていくことになります。

ゴールは具体的な言葉で表す

具体的な行動を示す言葉で表すことによって、必要な知識や技術も具体的になる。

46

インストラクショナル・デザイン　実行ステップ❷−2

指導の中身を組み立てる

指導の設計図の中身はどのように決めて、どのような指導計画を組み立てればいいのだろうか？

指導の範囲が決まったら、設計図の中身である、教える内容を組み立てていきます。何を教えるかは、目標に見合った人と本人の差から割り出します。

（何を教えるか）＝（できる人の行動）−（できない人の行動）

という公式で割り出すことができるのです。この公式にあてはめて出てきた答えが、「具体的な仕事のやり方」であったなら、一章で紹介した**チェックリスト**による反復トレーニングでやり方を教えます。割り出した答えが、「行動を継続すること」であった場合には、二章で紹介した**リインフォース**によって、行動を強化して継続できるようにしてやることが必要です。

そして、もう一つ準備しておくべきものが、**事後テスト**です。これは、指導を終え

◀指導の中身は公式で割り出す▶

設計図（イメージ）

スタート
（～がわからない）

指導の中身

ゴール
（～できるようになる）

（できる人の行動）
－（できない人の行動）

＝具体的な仕事のやり方

ならばチェックリストを使ったトレーニングで仕事のやり方を教える。

＝行動を継続すること

ならば望ましい行動をリインフォースして、継続できるようにする。

た後に、**部下が本当に必要な知識を身につけたかどうかを確認するテスト**です。内容は事前テストと同様に、できる人の知識・技術から問題を作ります。合格基準は事前に設定しておきましょう。

また、技術を身につけたかどうかは、実際の行動を観察することで行います。

部下を確実に育てたいのであれば、指導後に身につけたことを確認し、本人にも合格であることをフィードバックしてから、次の段階に進みます。

できる人の行動と本人の行動との差
＝教えるべきこと

できる人の行動から教えるべきことを割り出して、指導する。

47

インストラクショナル・デザイン　実行ステップ❸〜❹

指導法の開発と実施

実際に部下を指導する際に、どのような順序で進めていけばいいのか？　理想的な指導手順を知りたい。

指導を実施するプロセスは、知識や技術をわかりやすく伝え、効果的に身につけさせるための工夫が必要です。どのような順番でどのような指導を行うかが、指導が効率的に行われるかどうかを左右します。

教育現場などで学習を確実に促進させることを目的に提唱された、**「ガニェの九教授事象」**という指導法があります。**人が学習するのに最適なプロセスに沿って、指導を行うために定められた九つのメニュー**です。これをビジネスシーンでも有効に機能するように、わかりやすくアレンジした指導メニューを紹介します。

なお、この九つの指導メニューは必ずしもすべて行わなくてもかまいません。指導の内容や部下の状況を見て、必要なメニューをピックアップしてください。

❶指導に注目させる

まずは、相手の興味や好奇心を引きつけることがポイントです。気持ちを集中させるだけでなく、目や耳が情報を確実に受けとるように、準備させます。

❷指導の目標を伝える

実施する指導によって、どんな技術や知識が身につくのかをあらかじめ部下に伝えます。指導の目標を伝えることで学び手の意欲を高め、学ぶことに集中させます。

❸必要な知識を思い出させる

口頭での知識の確認や、前回学んだことを振り返ることで、新しいことを学ぶために必要な、それに関連する知識を思い出させます。

❹新しいことを教える

この段階で初めて、新しいことを教えます。何かを確実に伝えたいときは、最も重要なポイントを明確に伝える工夫をします。文字で伝える場合はポイントを目立たせる、言葉で伝える場合は、声の大きさや話し方でポイントを強調します。

❺いろいろな表現で何度も教える

部下がすでに知っていた知識と関連づけて教える、実例を紹介する、新しく教えたことに関する意見を聞き出すなど、表現を変えて何度も教えます。新しく教えたことに対して、強い意味を持たせることが重要です。

❻部下自身に練習させる

教えたことを部下に実際にやらせることで、本当に理解したのかどうか確認します。技術を確認するためには、部下の行動を観察します。知識を確認するためには、小テストの実施や、口頭での具体的な質問に具体的に答えさせます。

❼練習の結果をフィードバックする

本当に理解できているのか、間違いがあるとすれば何が間違っているのかを、本人に伝えます。部下が本当に理解していれば、曖昧な表現ではなく、はっきりと伝えることが重要です。技術の指導の場合は、ほめることでフィードバックしましょう。ただし理解できていなければ、修正や補足の指示を具体的に伝えます。

❽指導の成果をチェックする（事後テストを実施）

事後テストをすることで、部下が教えたことを確実に身につけたかどうかを確認します。事後テストは、学んだ知識や技術が保持されているかどうかを知るためにも、指導後しばらく間隔を置いた後にも実施するといいでしょう。

◀効果的な指導のための4ポイント▶

ポイント①
教えたい行動をさせる
一方的に話すだけでなく、教えたい行動を実際に部下にさせる。

ポイント②
リインフォースする
教えたい行動を部下がとったら、すぐにリインフォースする。

ポイント③
考える時間を与える
部下が自分で考える時間を与える。部下の気づきを促す。

ポイント④
確認の声かけをする
教えた内容について具体的な質問をして、理解の確認をする。

⑨反復トレーニングを繰り返す

反復トレーニングの目的は、**教えたことを忘れないことと、使いこなせるようにすること**です。応用的な課題を与えて反復させることがポイントです。

どんな順序で指導するか組み立てる

九つのメニューから必要なものをピックアップして、指導の順番、方法を組み立てる。

指導後の「わかったか?」は不適当

理解の確認をする際「わかったか?」ではなく、具体的な質問で確認する。

48

インストラクショナル・デザイン　実行ステップ❺

設計図は定期的に見直す

指導は継続して行いたいが、設計図を常に見直し、改善し続けるのは負担が大きい。負担を軽くする方法はあるだろうか？

ＡＤＤＩＥモデルに沿って、教えるべき内容を分析（知識と技術に分類）し、ゴールとスタートを決めて指導プランを設計して指導メニューを選択・実施したら、最後の指導プランを評価する段階に入ります。

ＡＤＤＩＥモデルでは、評価を基に、**分析、設計、開発、実施のそれぞれの段階に修正を加え、指導プランは常に改善する**ことができます。

部下の育成を継続して行うには、設計図の改良は欠かせない作業です。しかし、日々の業務をこなしながら、部下のマネジメントを行う上司にとって、指導プランを頻繁に評価し、改善し続けることは大きな負担となってしまいます。

そこで、**指導プランの評価・改善を行う時期を自分でルール化**します。例えば、部

◀評価を基に設計図を見直す▶

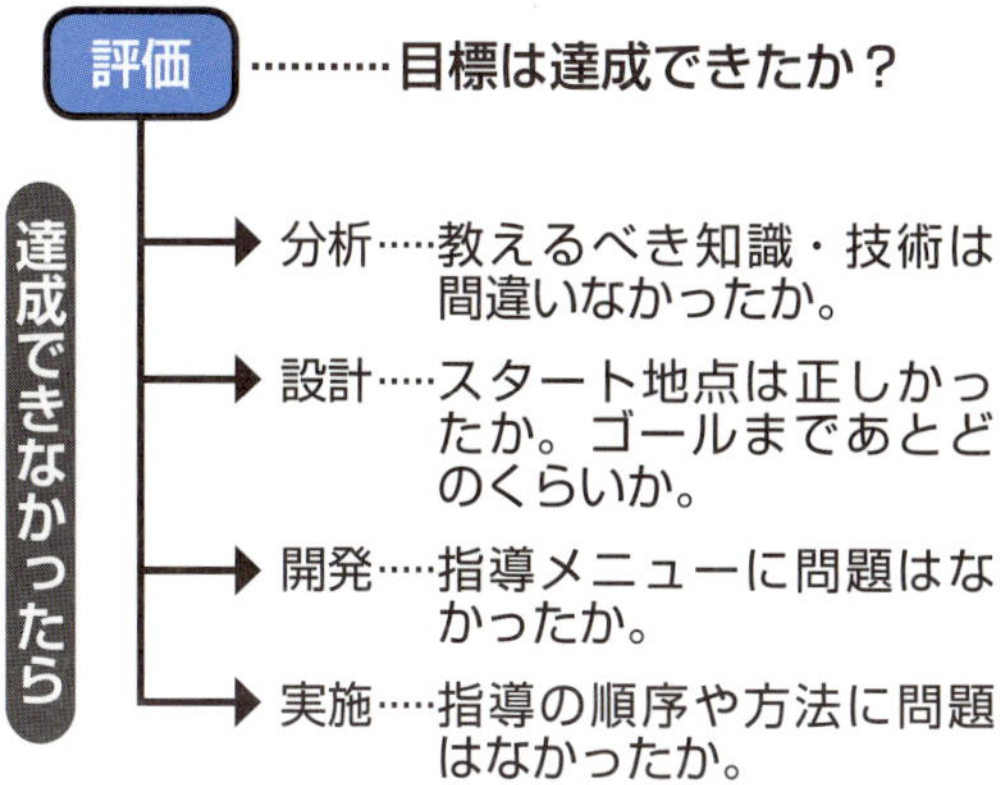
評価
目標は達成できたか？
達成できなかったら
分析……教えるべき知識・技術は間違いなかったか。
設計……スタート地点は正しかったか。ゴールまであとどのくらいか。
開発……指導メニューに問題はなかったか。
実施……指導の順序や方法に問題はなかったか。

下の指導や設計図について、気づいたことはメモしておきます。「メモの項目が十個たまったら」あるいは「三か月経過したら」と**自分でルールを決めて、計画を評価・改善する**のです。ただし、指導の基盤となる会社の経営計画や戦略などに変更が加えられた場合は、すぐに調整が必要です。部下の行動は、企業の理念や経営計画につながるものだからです。

改善が加えられ、着実にクオリティが向上した設計図は、日々の業務に必ず有効に機能します。

評価・改善の時期をルール化する

自分で評価の時期をルール化し、指導を継続しながら定期的に設計図を評価・改善する。

第四章　まとめ！

- 戦略的な部下育成には設計図が不可欠
- 一度作った設計図は使う度に改良されていく
- 教え手と学び手の間のには情報の格差がある
- 知識と技術は分類して教える
- 具体的な行動でゴールを設定する
- 教えるべきことは、できる人と本人との行動の差
- 効果的な指導方法と手順を組み立てる
- 指導後は具体的な質問をして理解を確認する
- 時期をマイルール化して、定期的に設計図を改善する

第五章

組織を変えるマネジメント

社員の意欲を向上させるためには、組織として社員一人ひとりに報いる必要があります。この章では、社員がやる気になる組織作りの方法を紹介します。

49

部下に「この会社で頑張ろう」と思わせるために必要なもの

非金銭的報酬がやる気を生む

部下一人ひとりがやる気になるような組織作りをしたいが、そのためにはどんな組織にすればいいのだろうか？

これまで、仕事が「できない」部下を指導する方法や、その設計図の作り方を紹介してきました。しかし、部下が働くことや組織に対して積極的な気持ちを持たなければ、これらのマネジメントも機能しません。積極的な気持ちとは、「この会社で頑張ろう」という気持ちのことです。**上司にとって重要な仕事の一つは、部下が「この組織で頑張って仕事をしよう」と思えるような環境を作ること**です。

社員は金銭による報酬以外にも、所属する組織の快適さや、報われたという感覚を得たいと思っています。こうした要素を重視しない組織は、社員から高いパフォーマンスを引き出すことできません。社員に「この会社で働いて良かった」「この人たちと一緒に仕事ができて嬉しい」と思わせるような組織作りが必要です。

◀トータル・リワードで意欲が上がる▶

アメリカの企業で積極的にとり入れられている**「トータル・リワード」**と呼ばれる報酬の考え方があります。**トータル・リワードは、金銭ではない「報われた」という感覚を報酬の一つ**として考えます。社員一人ひとりを大切にして、いかに人として総合的に報いていくかという考え方です。

この章では、トータル・リワードをベースにした、部下をやる気にさせるコミュニケーションのとり方や、チーム全体での生産性を高める方法を紹介します。

「報われた」という感覚も報酬の一つ

社員は金銭的な報酬以外にも「この会社で働いて良かった」と思えることを求めている。

50

部下とのコミュニケーションも上司の仕事

コミュニケーションは質より数

コミュニケーションが大切なのはわかっているが、どの程度の頻度と深さで部下と接するべきなのだろうか？

組織内の雰囲気というのは、生産性に大きく影響します。実際に、業績を上げている組織ほど雰囲気が良く、コミュニケーションがうまくとれずに雰囲気の良くない組織では、業績を上げるのは難しいのです。**コミュニケーション不足が、個人のモチベーションを下げ、組織の生産性を低くしている**のです。

コミュニケーション不足は、離職率にも影響します。辞めてしまう人は、辞めていく前の時期から上司とのコミュニケーションが急激に減っています。離職率が高いという悩みがあるならば、上司が部下たちとどれくらいコミュニケーションをとっているか測定し、その頻度を上げることが必要です。上司が、部下とのコミュニケーションを増やすだけで、離職率は下げることができるのです。**組織内の円滑なコミュニケー**

部下とのコミュニケーションのポイント

①個別に場を設ける

部下と個別のコミュニケーションは上司の重要な仕事。ランチミーティングなどの場を設けよう。

②定期的に行う

定期的に確実に行うことが重要。社員によってコミュニケーションが偏るということも防げる。

③オープンにする

今日は誰の個別ミーティングだというのを、全員が認識できるくらいオープンにすること。

④公平性を保つ

上司のコミュニケーションが偏ると、組織内の雰囲気に影響が出る。情緒的になって差をつけない。

ションを図るのは、上司の大事な仕事です。

月に一度は部下との個別のコミュニケーションをとるようにしましょう。定期的にランチミーティングなどの場を設け、ラフな意見交換をします。

ただし、必要以上に部下の内面を掘り下げて、情緒的になってはいけません。部下とのコミュニケーションでは、質よりも数が求められます。定期的に、オープンに、部下全員と公平にコミュニケーションを図るようにしましょう。

オープンに定期的な場を設ける

個別のランチミーティングなど、定期的に場を設けて、コミュニケーションを図る。

51

部下への声かけはマネジメントの基本

二種類の言葉で声かけをする

上司が部下に声をかける場合、具体的にどのように声をかけることが部下の成長を促すことになるのだろうか？

上司が部下に対して行う声かけには、大きく分けて二種類あります。

一つ目は、**部下を無条件に承認する声かけです。とにかく部下をほめること**です。マネジメントの基本はほめることです。部下はほめられて成長します。また、ほめることが、部下とのコミュニケーションにもなります。部下にとってほめられること、上司とコミュニケーションをとることは、ともに快をもたらすものです。それだけで部下の日々のモチベーションは、どんどん上がっていきます。常にほめる部分を探して、部下とコミュニケーションをとるようにしましょう。

二つ目は、**部下の成長機会を提供する声かけです。これは、定期的に設ける個別のコミュニケーションの場で行います。**部下の人生観や仕事観を聞き出し、それを組織

◀部下に対する二種類の声かけ▶

成長機会の提供

個別ミーティングなどの場で、部下の仕事や会社に対する思い、将来望む働き方などについて聞き、会社の方向性を話して聞かせる。

▼

部下の成長を促す

承認する

日々の業務の中で、
・「がんばってるな」
・「よくやった」
・「ありがとう」
など、とにかく部下をほめる。

▼

達成感を与える

のビジョンとつなげてやる声かけです。部下が仕事に関して抱いている思いや、どういう働き方を望んでいるのかを聞き出し、組織が向かっている方向と同じかどうかを示す、もしずれていれば修正してやるというものです。**進むべき方向性を確認してやること**で、部下は安心して仕事にとり組むことができます。

上司は、日々の業務で達成感を与えてやりながら、定期的に組織と部下の将来像を具体的に描いて部下の成長を促す、二種類の声かけを心がけましょう。

P 達成感と成長機会を与える

ほめることで部下に達成感を与え、ときには部下の進むべき方向を示してやる。

52

一つひとつの行動をつなげていく
チェイニングで結果までたどり着く

部下にとって、結果までたどり着くのが困難に思えるときに、結果まで導く有効なマネジメント法はあるだろうか?

一連の業務を行動レベルまで分解し、ゴールまで鎖のように一つひとつの行動をつないでいく手法を**チェイニング**と言います。サブゴールをいくつも設定する方法と似ていますが、**チェイニングではキーとなる行動と結果にポイントを与えることで、さらにゴールまでのつながりが感じられる**ようになります。

例えば、「顧客に電話でアポをとる」という行動をさらに細かく分解し、「電話で購買決定者となる人と話をする」などのキーになる行動にポイントを与えるのです。こうして、一つひとつのキーとなる行動が結果につながっていき、契約というゴールまでたどり着くことができるのです。

この手法は新人に対しても有効です。**ゴールまでの行動を細かく分解してチェック**

◀ チェイニングと逆チェイニング ▶

契約（ゴール）までの流れ

①電話でアポをとる
②購買決定者と話をする
③訪問先での挨拶
④商品説明をする
⑤見積書を提出する
⑥契約する（ゴール）

●チェイニング

① → ⑥

●逆チェイニング

⑥
⑤ → ⑥
④ → ⑥
⋮
① → ⑥

リストに落とし込めば、仕事の「やり方」を教えるトレーニングにもなります。

新人に対しては**逆チェイニングも有効**です。新人は結果のイメージがないため、なかなかゴールまでたどり着けません。そこでまず契約の段階から業務に入らせるのです。契約の実感や達成感を味わうことで、スタートからのチェイニングもうまくいくようになります。逆チェイニングで味わった結果の達成感が、その後の行動を繰り返す動機となるのです。

新人には逆チェイニングも有効

いきなり結果の達成感を味わうことで、その後の行動の動機づけになる。

53

チームとしての結束や競争によって士気が上がる

チーム制で効果を上げる

組織のメンバー同士を競わせて全体の成績を上げたいが、その際に気をつけるべきことはあるだろうか？

人からほめられたり、感謝されたりすることは、ときには金銭的な報酬以上に嬉しいものです。「成績を上げればボーナスを増やす」という報酬よりも、周囲の人からの賞賛や励ましの言葉の方が、モチベーションが上がる場合があります。

互いに讃え合い、励まし合えるシステムは、チームとしての生産性を高めるのに非常に効果的です。例えば、チーム同士で競わせて、**成績の良かったチームを讃えるシステムなどは、「競争」と「賞賛」をとり入れた効果的なシステム**です。チーム内でのコミュニケーションも増え、他のメンバーから学ぶこともできます。

しかし、組織内で「競争」をとり入れる際は、注意が必要です。**最も成績が良かった人を讃えるMVPという方法は避けるべき**です。MVP方式では、トップ社員ばか

◀ チーム制が意欲を高める ▶

●讃え合うシステム

讃え合い、励まし合うシステムはモチベーションを上げる。

●チーム単位で競う

競争と賞賛の両方をとり入れた有効なシステム。

りが讃えられる可能性があるからです。トップ社員ばかりをほめ讃えては、トップと他の社員との間に溝が生まれ、組織の生産性を高める妨げとなりかねません。**ゲーム感覚で競わせるのならば、グループ単位で競わせるようなシステム**にします。グループは二人でも三人でもかまいません。一人の個人が讃えられることがないようにしましょう。また、定期的にグループの入れ替えをすると、特定の仲間意識や敵対心が生まれるのを防ぐことができます。

競争はグループ単位で行う

組織内に競争をとり入れるときは、グループ単位で競わせる。MVP方式はとらない。

54

ミスやクレームをすばやく報告させる唯一の方法

悪い報告を早く上げさせる方法

部下はミスや顧客からのクレームなどの悪い報告をしたがらない。どうすれば早く報告させることができるのだろうか?

上司が部下に求める重要な行動の一つに、「悪い報告を早く上げる」というものがあります。部下の失敗や顧客からのクレームは、一刻も早く処理しなければなりません。しかし、**部下は上司に悪い報告を早く上げたがらず、上がってきたときには、小さく手を加えられている**ことが多くあります。

なぜ部下は、悪い報告を上げようとしないのでしょうか。それは、**「悪い報告を上げる」「自分のミスを報告する」という行動に報酬が与えられないから**です。上司は当然のことのように、ミスや悪い報告に対して、部下を叱責します。叱責されれば、部下の悪い報告を上げるという行動は減ります。行動に対して罰が与えられたからです。叱責することで、ミスは少し減るかもしれません。しかし、ミスをしないように

悪い報告を上げたことをほめる

部下からミスやクレームの報告があった

↓

報告したことをほめる

・悪い報告がすぐに上がってくるようになり、早い対処ができる
・ミスを減らすための的確な指示をして、ミス自体も減らす

↓

組織全体の利益になる

↓

部下を叱責する

・悪い報告を上げるという行動は減る
・叱責されてミスは減るかもしれないが、行動自体が減るため業績アップにはつながらない

↓

何も改善されない

することは、行動が減るということであり、望ましい行動が増えるわけではありません。叱責することで業績が上がることはないのです。

部下が悪い報告を上げてきたら、まず報告したこと自体をほめるべきです。その後、悪い点は的確に指摘したうえで、同じミスをしないように的確なフレームで指示します。ほめてやらなければ、悪い報告を上げるという行動は増えません。ミスやクレームこそ報告しやすい仕組みが求められるのです。

報告に対する報酬を与える

「よく言ってくれた」とほめる。ほめた後で悪かった点を指摘し、指示を出す。

第五章　まとめ！

●社員は「報われた」という感覚を求めている

●定期的に個別のコミュニケーションの場を設ける

●達成感と成長機会を与える二種類の声かけをする

●行動を一つひとつつないで結果を導く

●競い合い、讃え合うチーム制が働く意欲を高める

●報酬を与えることが、悪い報告を上げさせる唯一の方法

付録

これであなたも続けるマスター！
行動継続技能認定２級
簡易テスト＆認定講座のご案内

行動継続技能認定２級の簡易テストにチャレンジし、本書の理解度を試してみましょう。そして、さらに詳しく学びたい方、行動科学マネジメントのインストラクターを目指したい方のために、社団法人行動科学マネジメント研究所が監修・認定する「行動科学マネジメント・認定講座」を紹介します。

簡易テスト

制限時間は20分間です。すべて選択問題です。選択肢から解答番号を選んでください。
簡易テストの解答は142ページに記載されています。

問1　行動科学マネジメントの特徴として適切なものを下記から選びなさい。

①優秀なリーダーの経験則に基づいた手法
②外からの観察よりも自己申告を重視する手法
③行動の原因を人の内面に求める手法
④表に現れる行動に焦点をあてる手法

問2　行動科学マネジメントの特徴として適切なものを下記から選びなさい。

①結果のみを重視する
②行動のみを見る
③行動よりもむしろ結果に重きをおく
④結果だけでなく行動にも焦点を当てる

問3　行動科学マネジメントの特徴として適切なものを下記から選びなさい。

①人の個性や能力を重視する

②人の経験や勘を重視する
③いつ、誰が、やっても同じ結果が表れる
④能力の高い人の考え方だけを真似る

問4 行動科学マネジメントのベースになっている行動分析学の創始者といえば誰ですか？

①セリグマン　②スキナー　③フロイト　④ユング

問5 ほとんどの企業は何らかの、月間、4半期、年間などの目標を掲げます。こういうプログラムは先行条件か？　結果条件か？　下記より選びなさい。

①先行条件　②結果条件

問6 あなたの部下、拓也が同僚の仕事を手伝うために残業した。このことをあなたはほめた。あなたが「ほめた」ことは、拓也が「同僚に手を貸す」ことに対する「　」にあてはまる語を下記より選びなさい。「　」である。

①先行条件　②行動　③結果条件

問7　あなたは、会社の経費を使って高級レストランで食事をし、上司に注意された。あなたにとって「注意されたこと」は高級レストランで食事をしたことの「　　」である。「　　」にあてはまる語を下記より選びなさい。

①先行条件　②行動　③結果条件

問8　「積極的な強化」が行動を促すために良い理由として、正しくないものを選びなさい。

①一番好まれる　②自発的行動を一番促す
③日本人に適している　④行動が継続される

問9　ABCモデルのAの説明として正しいものを選びなさい。

①先行条件　②合同条件　③相似条件　④結果条件

問10　ABCモデルのBの説明として正しいものを選びなさい。

①行動　②目標　③ゴール　④決意

問11　ABCモデルのCの説明として正しいものを選びなさい。

①先行条件　②合同条件　③相似条件　④結果条件

問12～14　行動科学におけるABCモデルについて述べた文章を読み、各設問に答えなさい。

行動科学では人が行動する場合、必ず理由がある、と考えます。例えば、誰かが部屋でエアコンの冷房をかけるとしたら、それは部屋が暑いと感じているからですし、誰かがシャツの上からさらにセーターを着ようとするのは、そのままでは寒いと感じているからだと考えることができます。これを分解すると下記にようになります。

◎ケース1：A＝(a)　B＝(b)　C＝部屋が涼しくなる
◎ケース2：A＝寒いから　B＝セーターを着る　C＝(c)

問12　aに当てはまる適切な語句を下記から選びなさい。
①暑いから　②寒いから　③体が温まる　④エアコンをつける

問13　bに当てはまる適切な語句を下記から選びなさい。
①暑いから　②寒いから　③体が温まる　④エアコンをつける

問14　cに当てはまる適切な語句を下記から選びなさい。

①暑いから　②寒いから　③体が温まる　④エアコンをつける

問15　良い行動に対してご褒美をあげたり、ほめてあげたりするのに、良いタイミングはいつですか？

①行動が起きている最中や終わった直後
②行動が終わって気持ちが落ち着いたとき
③特にタイミングは重視しない
④個人個人によって違うため、性格をみて判断する

問16　大きな目標（最終ゴール）達成するために適切な方法を下記から選びなさい。

①強い気持ちをもって毎日物事に望む
②日々の行動をあまり考慮せず、1か月に一度くらいずつ結果をチェックする
③日々する行動をしない時に、罰や、ペナルティを多く与える
④最終ゴールまでに、スモールゴールを多く設定する

問17　下記の中で最も行動が強化される結果条件はどれですか？

①PAF　②PAT　③NST　④PST

問18　下記の中で最も行動が変化する結果条件はどれですか?

①PAF　②PAT　③NST　④PST

問19　下記の中でターゲット行動を継続するに当たり、コントロールする方法として正しいものはどれですか?

①スモールゴールは結果のみに対して設定する
②目的は曖昧にしておく
③サポーターをつける

問20　下記の中で不足行動を継続するに当たり、コントロールする方法として間違っているものはどれですか?

①メジャーメントをする
②フィードバックは気が向いたときにする
③動機付け条件をつける

認定講座のご案内

行動科学マネジメントを専任講師からさらに詳しく学びたい人、認定資格の取得・インストラクターを目指す人のために。

◆日本初　行動科学マネジメント・認定講座、開講！

［社団法人行動科学マネジメント研究所 監修・認定］

全米600社以上、日本260社以上に導入された行動科学マネジメントを系統的に学べる講座が誕生しました！

行動科学マネジメント・認定講座は、「行動科学で解決できること」を自分自身で、家庭で、そして、企業や地域で活用していただくためのスキルとして身につけ、リーダーとしてご活躍いただくために開発されました。

●組織のリーダーに……企業で働く従業員の自発的な意欲を引き出すマネジメントです。上位20％だけでなく、下位80％の従業員のポテンシャルを引き出すことが可能なマネジメントの仕組み、そして階層別の人間関係を誰にでも構築できるスキルを学べます。

●自己管理……「意志」「やる気」に頼らない、誰にでも実現可能な物事を継続するための自己管理方法のスキルを養成します。

●教育……行動科学に基づき、学習行動を身につけさせながら、生徒や子どもを自発的な学習へとマネジメントするティーチングメソッドを学べます。

この認定資格は単なる方法論・知識だけで終わるものではありません。「方法・知識自体を継続・習慣化する知識と技能」を習得します。講座の効果は、行動科学マネジメントのベースになっている学問「行動分析学」における何千という実験に裏打ちされ、実証されています。つまり、誰にでも等しく「目標達成」のノウハウを身につけられるように設計されているのです。

また、講座終了後に行われる試験に合格すれば、資格が取得できるだけでなく、インストラクターとして活躍し、自立することも可能です。

21世紀、少子高齢化、ゆとり教育、グローバルな人材獲得競争など、人材に関する問題は山積しています。このような時代、学問的バックボーンを持った科学的なマネジメント手法を身につけ、一人ひとりの能力を引き上げるスキルを手にすることは、非常に強力な武器になると確信しています。

認定講座のメリット

- 目標・夢が実現する
- 「継続力」が格段に上がる
- 売上・利益が伸びる
- リーダーや新人の育成期間が1/3に縮小する
- 離職率が1/4に減少する

<簡易テスト解答>

問1	④	問6	①	問11	④	問16	④
問2	④	問7	③	問12	①	問17	④
問3	③	問8	③	問13	④	問18	③
問4	②	問9	①	問14	③	問19	③
問5	①	問10	①	問15	①	問20	②

簡易テストの**解説**、**認定講座**の**詳**しい**ご案内**は、

ウィル PM：http://www.will-pm.jp/TAC/
認定講座の詳細：http://www.will-pm.jp/skill/

更に！！
行動が**どんどん続く**、**無料特典レポート**がもらえます！

〈監修〉
石田　淳（いしだじゅん）

・社団法人行動科学マネジメント研究所所長
・株式会社ウィルPMインターナショナル代表取締役社長兼最高経営責任者
・『行動科学マネジメント・認定講座』理事

日本の行動科学（分析）マネジメントの第一人者
アメリカのビジネス界で大きな成果を上げる行動分析、行動心理を基にしたマネジメント手法を日本人に適したものに独自の手法でアレンジ。

「行動科学マネジメント」として展開。

精神論とは一切関係なく、行動に焦点をあてる科学的で実用的な手法は、短期間で組織の８割の「できない人」を「できる人」に変えると企業経営者などから絶大な支持を集める。また、社内マネジメントだけでなく、ビジネスパーソン個人が自ら成長する際に今後、最も必要となる「セルフマネジメント」にも活用できるという手法として、各方面からさらなる注目を浴びる。現在は、組織活性化に悩む企業のコンサルティングをはじめ、セミナーや社内研修なども行い、ビジネス・教育の現場で活躍している。

著書に、「続けたいことが続くツイッター100倍活用術」（サンマーク出版）、「行動科学で人生を変える」（フォレスト出版）、「組織が大きく変わる最高の報酬」（日本能率協会マネジメントセンター）、「短期間で組織が変わる行動科学マネジメント」（ダイヤモンド社）、「続かない女のための続ける技術」＜剣持まよ著　石田淳監修＞（サンクチュアリ出版）、「超！部下マネジメント術」（インデックス・コミュニケーションズ）、「続ける技術」（フォレスト出版）、「すごい実行力」（三笠書房）などがある。

石田淳ツイッター　http://twitter.com/tsudukeru

ビジマル

できる組織《そしき》を作《つく》る!　行動科学《こうどうかがく》マネジメント　成功《せいこう》の法則《ほうそく》

2010年9月15日　初　版　第１刷発行

監　　修　石田　淳
発 行 者　斎藤博明
発 行 所　ＴＡＣ株式会社　出版事業部
（ＴＡＣ出版）
〒101-8383　東京都千代田区三崎町3-2-18
西村ビル
電話 03（5276）9492（営業）
FAX 03（5276）9674
http://www.tac-school.co.jp
印　　刷　株式会社　光邦
製　　本　東京美術紙工協業組合

ISBN 978-4-8132-3587-3